Lezzetlerin Dansı

Hint Mutfağına Yolculuk

Nehir Kaya

İçindekiler

Sarımsak Raita

4 kişilik

İçindekiler

2 yeşil biber

5 diş sarımsak

450g/1lb yoğurt, çırpılmış

Tatmak için tuz

Yöntem

- Biberleri hafif kahverengi oluncaya kadar kavurun. Onları sarımsakla öğütün.
- Kalan malzemelerle karıştırın. Soğutulmuş hizmet.

Karışık Sebze Raita

4 kişilik

İçindekiler

1 büyük patates, ince doğranmış ve haşlanmış

25g/yetersiz 1oz Fransız fasulyesi, ince doğranmış ve haşlanmış

25gr/yetersiz 1oz havuç, ince doğranmış ve haşlanmış

50g/1¾oz haşlanmış bezelye

450g/1lb yoğurt

½ çay kaşığı öğütülmüş karabiber

1 yemek kaşığı kişniş yaprağı, ince doğranmış

Tatmak için tuz

Yöntem

- Tüm malzemeleri bir kapta iyice karıştırın. Soğutulmuş hizmet.

Boondi Raita

4 kişilik

İçindekiler

115g/4oz tuzlu boondi*

450g/1lb yoğurt

½ çay kaşığı şeker

½ çay kaşığı chaat masala*

Yöntem

- Tüm malzemeleri bir kapta iyice karıştırın. Soğutulmuş hizmet.

Karnabahar Raita

4 kişilik

İçindekiler

250 gr karnabahar, küçük çiçeklere doğranmış veya rendelenmiş

Tatmak için tuz

½ çay kaşığı öğütülmüş karabiber

½ çay kaşığı biber tozu

½ çay kaşığı öğütülmüş hardal

450g/1lb yoğurt

1 çay kaşığı tereyağı

½ çay kaşığı hardal tohumu

Chaat masala_*tatmak

Yöntem

- Karnabaharı tuz ve buhar karışımıyla karıştırın.
- Biber, pul biber, hardal, tuz ve yoğurdu bir kasede çırpın.
- Karnabahar karışımını yoğurtlu karışıma ekleyin ve bir kenara koyun.
- Sıvı yağı küçük bir tencerede ısıtın. Duman çıkmaya başlayınca hardal tohumlarını ekleyin. 15 saniye boyunca tükürmelerine izin verin.
- Bunu chaat masala ile birlikte yoğurt karışımına ekleyin. Soğutulmuş hizmet.

Lahana Raita

4 kişilik

İçindekiler

100g/3½oz lahana, rendelenmiş

Tatmak için tuz

1 yemek kaşığı kişniş yaprağı, ince doğranmış

2 çay kaşığı rendelenmiş hindistan cevizi

450g/1lb yoğurt

1 çay kaşığı yağ

½ çay kaşığı hardal tohumu

3-4 köri yaprağı

Yöntem

- Lahanayı tuzla buharda pişirin. Soğumaya bırakın.
- Kişniş yapraklarını, Hindistan cevizini ve yoğurdu ekleyin. İyice karıştırın. Bir kenara koyun.
- Yağı küçük bir tencerede ısıtın. Hardal tohumlarını ve köri yapraklarını ekleyin. 15 saniye boyunca tükürmelerine izin verin.
- Bunu yoğurtlu karışımın içine dökün. Soğutulmuş hizmet.

Pancar Raita

İçindekiler

1 büyük pancar, haşlanmış ve rendelenmiş

450g/1lb yoğurt

½ çay kaşığı şeker

Tatmak için tuz

1 çay kaşığı tereyağı

½ çay kaşığı kimyon tohumu

1 yeşil biber, uzunlamasına kesilmiş

1 yemek kaşığı kişniş yaprağı, ince doğranmış

Yöntem

- Pancar, yoğurt, şeker ve tuzu bir kapta karıştırın.
- Yağı bir tencerede ısıtın. Kimyon tohumlarını ve yeşil biberi ekleyin. 15 saniye boyunca tükürmelerine izin verin. Bunu pancar-yoğurt karışımına ekleyin.
- Servis kasesine alıp üzerini maydanoz yapraklarıyla süsleyin.
- Soğutulmuş hizmet.

Filizlenmiş Bakliyat Raita

4 kişilik

İçindekiler

75g/2½oz fasulye filizi

75g/2½oz filizlenmiş kaala chana*

75g/2½oz filizlenmiş nohut

1 salatalık, ince doğranmış

10g/¼oz kişniş yaprağı, ince doğranmış

2 çay kaşığı chaat masala*

½ çay kaşığı şeker

450g/1lb yoğurt

Yöntem

- Fasulye filizlerini 5 dakika boyunca buharda pişirin. Bir kenara koyun.
- Kaala chana ve nohutları bir miktar suyla birlikte orta ateşte bir tencerede 30 dakika kaynatın. Bir kenara koyun.
- Fasulye filizlerini kalan tüm malzemelerle karıştırın. İyice karıştırın. Kaala chana ve nohutları boşaltın ve ekleyin.
- Soğutulmuş hizmet.

Makarna Pudina Raita

4 kişilik

İçindekiler

200g/7oz makarna, haşlanmış

1 büyük salatalık, ince doğranmış

450g/1lb yoğurt, çırpılmış

2 çay kaşığı hazır hardal

50g/1¾oz nane yaprağı, ince doğranmış

Tatmak için tuz

Yöntem

- Tüm malzemeyi birlikte karıştırın. Soğutulmuş hizmet.

Nane Raita

4 kişilik

İçindekiler

50g/1¾oz nane yaprağı

25g/yetersiz 1oz kişniş yaprağı

1 yeşil biber

2 diş sarımsak

450g/1lb yoğurt

1 çay kaşığı chaat masala*

1 çay kaşığı pudra şekeri

Tatmak için tuz

Yöntem

- Nane yapraklarını, kişniş yapraklarını, yeşil biberi ve sarımsağı birlikte öğütün.
- Bir kapta diğer malzemelerle karıştırın.
- Soğutulmuş hizmet.

Patlıcan Raita

4 kişilik

İçindekiler

1 büyük patlıcan

450g/1lb yoğurt

1 büyük soğan, ince rendelenmiş

2 yeşil biber, ince doğranmış

10g/¼oz kişniş yaprağı, ince doğranmış

Tatmak için tuz

Yöntem

- Patlıcanların her tarafını çatalla delin. 180°C'deki (350°F, Gaz İşareti 4) fırında ara sıra çevirerek, deriniz kömürleşene kadar kızartın.
- Patlıcanları soğuması için bir kapta suya batırın. Suyu boşaltın ve patlıcanın kabuğunu soyun.
- Patlıcanı pürüzsüz olana kadar ezin. Diğer tüm malzemelerle karıştırın.
- Soğutulmuş hizmet.

Safran Raita

4 kişilik

İçindekiler

350g/12oz yoğurt

2 yemek kaşığı sütte 30 dakika bekletilmiş 1 çay kaşığı safran

25gr/yetersiz 1oz kuru üzüm, 2 saat suda bekletilmiş

75g kavrulmuş badem ve antep fıstığı, ince doğranmış

1 yemek kaşığı pudra şekeri

Yöntem

- Bir kapta yoğurt ile safranı çırpın.
- Diğer tüm malzemeleri ekleyin. İyice karıştırın.
- Soğutulmuş hizmet.

Yam Raita

4 kişilik

İçindekiler

250g/9oz patates*

Tatmak için tuz

¼ çay kaşığı biber tozu

¼ çay kaşığı öğütülmüş karabiber

350g/12oz yoğurt

1 çay kaşığı tereyağı

½ çay kaşığı kimyon tohumu

2 yeşil biber, uzunlamasına kesilmiş

1 yemek kaşığı kişniş yaprağı, ince doğranmış

Yöntem

- Havuçları soyun ve rendeleyin. Biraz tuz ekleyin ve karışımı yumuşayana kadar buharda pişirin. Bir kenara koyun.
- Bir kapta tuz, toz biber ve toz biberi yoğurtla karıştırın.
- Yoğurtlu karışıma yamayı ekleyin. Bir kenara koyun.
- Sıvı yağı küçük bir tencerede ısıtın. Kimyon tohumlarını ve yeşil biberleri ekleyin. 15 saniye boyunca tükürmelerine izin verin.
- Bunu yoğurtlu karışıma ekleyin. Yavaşça karıştırın.
- Kişniş yapraklarıyla süsleyin. Soğutulmuş hizmet.

Bamya Raita

4 kişilik

İçindekiler

250g/9oz bamya, ince doğranmış

Tatmak için tuz

½ çay kaşığı biber tozu

½ çay kaşığı zerdeçal

Derin kızartma için rafine bitkisel yağ

350g/12oz yoğurt

1 çay kaşığı chaat masala*

Yöntem

- Bamya parçalarını tuz, toz biber ve zerdeçalla ovalayın.
- Yağı bir tencerede ısıtın. Bamyayı orta ateşte 3-4 dakika kadar kızartın. Emici kağıt üzerine boşaltın. Bir kenara koyun.
- Bir kapta yoğurdu chaat masala ve tuzla çırpın.
- Kızaran bamyayı yoğurtlu karışıma ekleyin.
- soğutulmuş veya oda sıcaklığında servis yapın.

Çıtır Ispanaklı Börek

12 yapar

İçindekiler

1 yemek kaşığı rafine bitkisel yağ artı derin kızartma için ekstra

1 büyük soğan, ince doğranmış

50gr/1¾oz ıspanak, haşlanmış ve ince doğranmış

1 çay kaşığı sarımsak ezmesi

1 çay kaşığı zencefil ezmesi

Tatmak için tuz

300g/10oz panel*, doğranmış

2 yumurta, çırpılmış

2 yemek kaşığı sade beyaz un

zevkinize biber

Tatmak için tuz

50g/1¾oz galeta unu

Yöntem

- Yağı bir tavada ısıtın. Soğanı yarı saydam olana kadar orta ateşte kızartın.
- Ispanak, sarımsak ezmesi, zencefil ezmesi ve tuzu ekleyin. 2-3 dakika pişirin.

- Ateşten alıp paneeri ekleyin. İyice karıştırıp kare köftelere bölün. Folyo ile örtün ve 30 dakika buzdolabında saklayın.

- Pürüzsüz bir hamur oluşturmak için yumurtaları, unu, karabiberi ve tuzu karıştırın.

- Kalan yağı bir tavada ısıtın. Her bir paneer köftesini hamura batırın, ekmek kırıntılarında yuvarlayın ve altın rengi kahverengi olana kadar derin yağda kızartın.

- Kuru sarımsak turşusu ile sıcak servis yapın

Rava Dosa

(İrmik Krep)

10-12 yapar

İçindekiler

100g/3½oz irmik

85g/3oz sade beyaz un

Bir tutam karbonat soda

250g/9oz yoğurt

240 ml/8 fl oz su

Tatmak için tuz

Yağlama için rafine bitkisel yağ

Yöntem

- Yağ hariç tüm malzemeleri gözleme karışımı kıvamında bir hamur oluşturmak için birlikte karıştırın. 20-30 dakika bekletin.
- Düz bir tavayı yağlayıp ısıtın. İçerisine 2 yemek kaşığı hamur dökün. Tavayı kaldırıp yavaşça çevirerek yayın.
- Kenarlarına biraz yağ dökün.
- 3 dakika pişirin. Çevirip gevrekleşene kadar pişirin.
- Kalan hamur için tekrarlayın.
- Hindistan cevizi turşusu ile sıcak servis yapın

Doodhi Pirzola

(Şişe Kabak Köftesi)

20 yapar

İçindekiler

1 yemek kaşığı rafine bitkisel yağ artı kızartma için ekstra

1 büyük soğan, doğranmış

4 yeşil biber, ince doğranmış

2,5 cm/1 inç kök zencefil, rendelenmiş

1 büyük şişe kabak*soyulmuş ve rendelenmiş

Tatmak için tuz

2 yumurta, çırpılmış

100g/3½oz galeta unu

Beyaz sos için:

2 yemek kaşığı margarin/tereyağı

4 yemek kaşığı un

Tatmak için tuz

zevkinize biber

1 yemek kaşığı krema

Yöntem

- Beyaz sos için margarini/tereyağını bir tencerede ısıtın. Geriye kalan tüm beyaz sos malzemelerini ekleyin ve orta ateşte kalın ve kremsi bir kıvam alana kadar karıştırın. Bir kenara koyun.

- Yağı bir tavada ısıtın. Soğanı, yeşil biberleri ve zencefili orta ateşte 2-3 dakika kavurun.

- Şişe kabağını ve tuzu ekleyin. İyice karıştırın. Kapağını kapatıp orta ateşte 15-20 dakika pişirin.

- Şişe kabağını açın ve iyice ezin. Beyaz sosu ve çırpılmış yumurtaların yarısını ekleyin. Sertleşmesi ve sertleşmesi için 20 dakika bekletin.

- Karışımı pirzola halinde doğrayın.

- Yağı bir tencerede ısıtın. Her bir pirzolayı kalan çırpılmış yumurtaya batırın, ekmek kırıntılarında yuvarlayın ve altın rengi kahverengi olana kadar kızartın.

- Tatlı domates turşusu ile sıcak servis yapın

Patra

(Colocasia Yaprak Fırıldağı)

20 yapar

İçindekiler

10 kolokasya yaprağı*

2 yemek kaşığı rafine bitkisel yağ

½ çay kaşığı hardal tohumu

1 çay kaşığı susam

1 çay kaşığı kimyon tohumu

8 köri yaprağı

2 yemek kaşığı kişniş yaprağı, ince doğranmış

Hamur için:

250g/9oz fasulye*

4 yemek kaşığı pekmez*, rendelenmiş

1 çay kaşığı demirhindi ezmesi

½ çay kaşığı zencefil ezmesi

½ çay kaşığı sarımsak ezmesi

1 çay kaşığı biber tozu

½ çay kaşığı zerdeçal

Yöntem

- Kalın bir hamur oluşturmak için tüm hamur malzemelerini karıştırın.

- Tamamen kaplayacak şekilde her kolokasya yaprağına bir kat hamur sürün.

- 5 adet kaplanmış yaprağı üst üste yerleştirin.

- Bir kare oluşturmak için yaprakları her köşeden 2,5 cm/1 inç katlayın. Bu kareyi bir silindire yuvarlayın.

- Diğer 5 yaprak için aynı işlemi tekrarlayın.

- Ruloları yaklaşık 20-25 dakika buharda pişirin. Soğuması için bir kenara koyun.

- Her ruloyu fırıldak benzeri şekillerde dilimleyin. Bir kenara koyun.

- Yağı bir tencerede ısıtın. Hardalı, susam tohumlarını, kimyon tohumlarını ve köri yapraklarını ekleyin. 15 saniye boyunca tükürmelerine izin verin.

- Bunu fırıldakların üzerine dökün.

- Kişniş yapraklarıyla süsleyin. Sıcak servis yapın.

Nergisi Tavuk Kebabı

(Tavuk ve Peynir Kebabı)

20-25 yapar

İçindekiler

500g/1lb 2oz tavuk, kıyılmış

150g/5½oz rendelenmiş kaşar peyniri

2 büyük soğan, ince doğranmış

1 çay kaşığı zencefil ezmesi

1 çay kaşığı sarımsak ezmesi

1 çay kaşığı öğütülmüş kakule

2 çay kaşığı garam masala

1 çay kaşığı öğütülmüş kişniş

½ çay kaşığı zerdeçal

½ çay kaşığı biber tozu

Tatmak için tuz

15-20 kuru üzüm

Derin kızartma için rafine bitkisel yağ

Yöntem

- Kuru üzüm ve yağ dışındaki tüm malzemeleri hamur haline gelinceye kadar yoğurun.

- Küçük köfteler yapın. Her köftenin ortasına bir kuru üzüm yerleştirin.

- Yağı bir tavada ısıtın. Köfteleri orta ateşte altın rengi olana kadar kızartın. Nane turşusu ile sıcak servis yapın

Tuzlu Soslu Sev Puris

4 kişilik

İçindekiler

24 sev puris*

2 patates, doğranmış ve haşlanmış

1 büyük soğan, ince doğranmış

¼ küçük olgunlaşmamış yeşil mango, ince doğranmış

120ml/4fl oz sıcak ve ekşi Hint turşusu

4 yemek kaşığı nane turşusu

1 çay kaşığı chaat masala*

1 limonun suyu

Tatmak için tuz

150g/5½oz sev*

2 yemek kaşığı kişniş yaprağı, doğranmış

Yöntem

- Püreleri servis tabağına dizin.
- Her pürenin üzerine küçük porsiyon patates, soğan ve mango koyun.
- Her purinin üzerine sıcak ve ekşi turşuyu ve nane turşusunu serpin.
- Üzerine chaat masala, limon suyu ve tuzu serpin.
- Sev ve kişniş yapraklarıyla süsleyin. Derhal servis yapın.

Özel Rulo

4 yapar

İçindekiler

1 çay kaşığı maya

bir tutam şeker

240ml/8fl oz ılık su

350g/12oz sade beyaz un

½ çay kaşığı kabartma tozu

2 yemek kaşığı tereyağı

1 büyük soğan, ince doğranmış

2 domates, ince doğranmış

30g/1oz nane yaprağı, ince doğranmış

200g/7oz ıspanak, haşlanmış

300g/10oz panel*, doğranmış

Tatmak için tuz

Tatmak için öğütülmüş karabiber

125g/4½oz domates püresi

1 yumurta, çırpılmış

Yöntem

- Mayayı ve şekeri suda eritin.
- Unu ve kabartma tozunu birlikte eleyin. Mayayla karıştırıp hamur haline getirin.
- Hamuru merdaneyle 2 adet chapattis şeklinde açın. Bir kenara koyun.
- Tereyağının yarısını bir tencerede ısıtın. Soğanı, domatesi, nane yapraklarını, ıspanağı, paneeri, tuzu ve karabiberi ekleyin. Orta ateşte 3 dakika soteleyin.
- Bunu 1 chapatti'nin üzerine yayın. Üzerine domates püresini dökün ve diğer chapatti'yi örtün. Uçlarını kapatın.
- Chapattis'i yumurta ve kalan tereyağıyla fırçalayın.
- 150°C'deki (300°F, Gaz İşareti 2) fırında 10 dakika pişirin. Sıcak servis yapın.

Kızarmış Kolokasya

4 kişilik

İçindekiler

500g/1lb 2 oz kolokasya*

2 yemek kaşığı öğütülmüş kişniş

1 yemek kaşığı öğütülmüş kimyon

1 yemek kaşığı amchoor*

2 çay kaşığı besan*

Tatmak için tuz

Kızartma için rafine bitkisel yağ

Chaat masala*, tatmak

1 yemek kaşığı kişniş yaprağı, doğranmış

½ çay kaşığı limon suyu

Yöntem

- Kolokasyayı bir tencerede kısık ateşte 15 dakika kaynatın. Soğutun, soyun, uzunlamasına kesin ve düzleştirin. Bir kenara koyun.

- Öğütülmüş kişniş, öğütülmüş kimyon, amchoor, besan ve tuzu karıştırın. Kolokasya parçalarını bu karışıma bulayın. Bir kenara koyun.

- Yağı bir tencerede ısıtın. Kolokasyayı çıtır çıtır olana kadar kızartın, ardından süzün.

- Kalan malzemeleri serpin. Sıcak servis yapın.

Karışık Dhal Dosa

(Karışık Mercimek Krep)

8-10 yapar

İçindekiler

250g/9oz pirinç, 5-6 saat ıslatılmış

100g/3½oz mung dhal*_5-6 saat suda bekletilir

100g/3½oz chana dhal*_5-6 saat suda bekletilir

100g/3½oz urad dhal*_5-6 saat suda bekletilir

2 yemek kaşığı yoğurt

½ çay kaşığı karbonat

2 yemek kaşığı rafine bitkisel yağ artı kızartma için ekstra

Tatmak için tuz

Yöntem

- Pirinci ve dhalleri ayrı ayrı ıslak öğütün. Birlikte karıştır. Yoğurdu, karbonatı, yağı ve tuzu ekleyin. Kabarık ve hafif olana kadar çırpın. 3-4 saat bekletin.

- Düz bir tavayı yağlayıp ısıtın. Üzerine 2 yemek kaşığı harçtan dökün ve krep gibi yayın. Kenarlarına biraz yağ dökün. 2 dakika pişirin. Sıcak servis yapın.

Mekke Pastaları

(Mısır Kekleri)

12-15 yapar

İçindekiler

4 adet taze mısır koçanı

2 yemek kaşığı tereyağı

750ml/1¼ pint süt

½ çay kaşığı biber tozu

Tatmak için tuz

Tatmak için öğütülmüş karabiber

25g/yetersiz 1oz kişniş yaprağı, doğranmış

50g/1¾oz galeta unu

Yöntem

- Mısır koçanlarının çekirdeklerini çıkarın ve iri bir şekilde öğütün.

- Tereyağını bir tencerede ısıtın ve öğütülmüş mısırları orta ateşte 2-3 dakika kızartın. Sütü ekleyin ve suyunu çekene kadar pişirin.

- Pul biberi, tuzu, karabiberi ve kişniş yapraklarını ekleyin.

- Ekmek kırıntılarını ekleyin ve iyice karıştırın. Karışımı küçük köftelere bölün.

- Tereyağını bir tavada ısıtın. Köfteleri altın rengi olana kadar kızartın. Ketçapla birlikte sıcak servis yapın.

Hara Bhara Kebabı

(Yeşil Sebze Kebabı)

4 kişilik

İçindekiler

300g/10oz chana dhal*, gece boyunca ıslatılmış

2 adet yeşil kakule kabuğu

2,5 cm/1 inç tarçın

Tatmak için tuz

60 ml/2 fl oz su

200g ıspanak, buharda pişirilmiş ve öğütülmüş

½ çay kaşığı garam masala

¼ çay kaşığı topuz, rendelenmiş

Sığ kızartmak için rafine bitkisel yağ

Yöntem

- Dhal'ı boşaltın. Kakule, karanfil, tarçın, tuz ve suyu ekleyin. Bir tencerede orta ateşte yumuşayıncaya kadar pişirin. Bir macun haline gelinceye kadar öğütün.

- Yağ hariç kalan tüm malzemeleri ekleyin. İyice karıştırın. Karışımı limon büyüklüğünde toplara bölün ve her birini küçük köfteler halinde düzleştirin.

- Yağı bir tavada ısıtın. Köfteleri orta ateşte altın rengi oluncaya kadar kızartın. Nane turşusu ile sıcak servis yapın

Balık Pakodası

(Hırpalanmış Kızarmış Balık)

12 yapar

İçindekiler

300 g/10 oz kemiksiz balık, 2,5 cm/1 inçlik parçalar halinde doğranmış

Tatmak için tuz

2 çay kaşığı limon suyu

3 yemek kaşığı su

250g/9oz fasulye*

1 çay kaşığı sarımsak ezmesi

2 yeşil biber, ince doğranmış

1 çay kaşığı garam masala

½ çay kaşığı zerdeçal

Derin kızartma için rafine bitkisel yağ

Yöntem

- Balıkları tuz ve limon suyuyla 20 dakika marine edin.
- Yağ hariç kalan malzemeleri karıştırarak koyu bir hamur elde edin.
- Yağı bir tencerede ısıtın. Her bir balık parçasını hamura batırın ve altın rengi olana kadar kızartın. Emici kağıt üzerine boşaltın. Sıcak servis yapın.

Şemmi Kebap

(Kıyma ve Bengal Gram Kebabı)

35 yapar

İçindekiler

750g/1lb 10oz tavuk, kıyılmış

600g/1lb 5oz chana dhal*

3 büyük soğan, doğranmış

1 çay kaşığı zencefil ezmesi

1 çay kaşığı sarımsak ezmesi

2,5 cm/1 inç tarçın

4 karanfil

2 adet siyah kakule kabuğu

7 adet karabiber

1 çay kaşığı öğütülmüş kimyon

Tatmak için tuz

450ml/15fl oz su

2 yumurta, çırpılmış

Kızartma için rafine bitkisel yağ

Yöntem

- Yumurta ve yağ hariç tüm malzemeleri karıştırın. Suyun tamamı buharlaşana kadar bir tencerede kaynatın. Kalın bir macun haline gelinceye kadar öğütün.

- Yumurtaları macuna ekleyin. İyice karıştırın. Karışımı 35 köfteye bölün.

- Yağı bir tavada ısıtın. Köfteleri altın rengi olana kadar kısık ateşte kızartın.

- Nane turşusu ile sıcak servis yapın

Temel Dhokla

(Temel Buharda Pişmiş Kek)

18-20 yapar

İçindekiler

250g/9oz pirinç

450g/1lb chana dhal*

60g/2oz yoğurt

¼ çay kaşığı karbonat

6 yeşil biber, doğranmış

1 cm/½ inç kök zencefil, rendelenmiş

¼ çay kaşığı öğütülmüş kişniş

¼ çay kaşığı öğütülmüş kimyon

½ çay kaşığı zerdeçal

Tatmak için tuz

½ Hindistan cevizi, rendelenmiş

150g/5½oz kişniş yaprağı, ince doğranmış

1 yemek kaşığı rafine bitkisel yağ

½ çay kaşığı hardal tohumu

Yöntem

- Pirinci ve dhal'ı 6 saat boyunca birlikte ıslatın. Kabaca öğütün.

- Yoğurt ve karbonatı ekleyin. İyice karıştırın. Macunu 6-8 saat mayalanmaya bırakın.

- Yeşil biberleri, zencefili, öğütülmüş kişnişi, öğütülmüş kimyonu, zerdeçalı ve tuzu hamura ekleyin. İyice karıştırın.

- 20 cm/8 inç yuvarlak kek kalıbına dökün. Hamuru 10 dakika boyunca buharda pişirin.

- Soğutun ve kare parçalar halinde doğrayın. Üzerlerine rendelenmiş hindistan cevizi ve kişniş yapraklarını serpin. Bir kenara koyun.

- Yağı bir tencerede ısıtın. Hardal tohumlarını ekleyin. 15 saniye boyunca tükürmelerine izin verin.

- Bunu dhoklas'ın üzerine dökün. Sıcak servis yapın.

Adai

(Pirinç ve Mercimek Krepi)

12 yapar

İçindekiler

125g/4½oz pirinç

75g/2½oz urad dhal[*]

75g/2½oz chana dhal[*]

75g/2½oz masur yağı[*]

75g/2½oz mung dhal[*]

6 kırmızı biber

Tatmak için tuz

240 ml/8 fl oz su

Yağlama için rafine bitkisel yağ

Yöntem

- Pirinci tüm dhal'larla birlikte bir gece bekletin.
- Karışımı süzün ve kırmızı biberleri, tuzu ve suyu ekleyin. Pürüzsüz olana kadar öğütün.
- Düz bir tavayı yağlayıp ısıtın. Üzerine 3 yemek kaşığı hamurdan dökün. Kapağını kapatıp orta ateşte 2-3 dakika pişirin. Çevirip diğer tarafını da pişirin.
- Spatulayla dikkatlice çıkarın. Hamurun geri kalanı için tekrarlayın. Sıcak servis yapın.

Çift Katlı Dhokla

(Buğulanmış Çift Katlı Kek)

20 yapar

İçindekiler

500g/1lb 2oz pirinç

300g/10oz urad fasulyesi*

75g/2½oz urad dhal*

75g/2½oz chana dhal*

75g/2½oz masur yağı*

2 yeşil biber

500g/1lb 2oz yoğurt

1 çay kaşığı biber tozu

½ çay kaşığı zerdeçal

Tatmak için tuz

115g/4oz nane turşusu

Yöntem

- Pirinç ve urad fasulyesini karıştırın. Gece boyunca ıslatın.

- Bütün dhal'ları karıştırın. Gece boyunca ıslatın.

- Pirinç karışımını ve dhal karışımını ayrı ayrı boşaltın ve öğütün. Bir kenara koyun.

- Yeşil biberleri, yoğurdu, toz biberi, zerdeçalı ve tuzu karıştırın. Bu karışımın yarısını pirinç karışımına ekleyin ve geri kalanını dhal karışımına ekleyin. 6 saat mayalanmaya bırakın.

- 20 cm/8 inçlik yuvarlak kek kalıbını yağlayın. Pirinç karışımını içine dökün. Nane turşusunu pirinç karışımının üzerine serpin. Dhal karışımını üstüne dökün.

- 7-8 dakika buharda pişirin. Doğrayıp sıcak servis yapın.

Ulundu Vada

(Kızarmış Çörek Şeklinde Atıştırmalık)

12 yapar

İçindekiler

600g/1lb 5oz urad dhal_*bir gece önceden ıslatılıp süzülür

4 yeşil biber, ince doğranmış

Tatmak için tuz

3 yemek kaşığı su

Derin kızartma için rafine bitkisel yağ

Yöntem

- Dhal'ı yeşil biber, tuz ve suyla öğütün.
- Karışımı çörek haline getirin.
- Yağı bir tencerede ısıtın. Vadaları ekleyin ve kahverengi olana kadar orta ateşte kızartın.
- Emici kağıt üzerine boşaltın. Hindistan cevizi turşusu ile sıcak servis yapın

Bhakar Vadisi

(Baharatlı Gram Unu Fırıldak)

4 kişilik

İçindekiler

500g/1lb 2oz besan_*_

175g/6oz kepekli un

Tatmak için tuz

Bir tutam asafoetida

120ml/4fl oz sıcak rafine bitkisel yağ artı derin kızartma için ekstra

100g/3½oz kurutulmuş hindistan cevizi

1 çay kaşığı susam

1 çay kaşığı haşhaş tohumu

bir tutam şeker

1 çay kaşığı biber tozu

25g/yetersiz 1oz kişniş yaprağı, ince doğranmış

1 yemek kaşığı demirhindi ezmesi

Yöntem

- Besan, un, tuz, asafoetida, ılık yağ ve yeterli suyu sert bir hamur haline gelinceye kadar yoğurun. Bir kenara koyun.

- Hindistan cevizini, susam tohumlarını ve haşhaş tohumlarını 3-5 dakika kuru kavurun. Toz haline gelinceye kadar öğütün.

- Toza şekeri, tuzu, toz biberi, kişniş yapraklarını ve demirhindi ezmesini ekleyin ve dolguyu hazırlamak için iyice karıştırın. Bir kenara koyun.

- Hamuru limon büyüklüğünde bezelere ayırın. Her birini ince bir diske yuvarlayın.

- Dolguyu her diskin üzerine, dolgu tüm diski kaplayacak şekilde yayın. Her birini sıkı bir silindire yuvarlayın. Kenarlarını biraz su ile kapatın.

- Fırıldak benzeri şekiller elde etmek için silindirleri dilimleyin.

- Yağı bir tencerede ısıtın. Fırıldak rulolarını ekleyin ve gevrek olana kadar orta ateşte kızartın.

- Emici kağıt üzerine boşaltın. Soğuduktan sonra hava geçirmez bir kapta saklayın.

NOT: Bunlar iki hafta boyunca saklanabilir.

Mangalor Çatası

4 kişilik

İçindekiler

75g/2½oz chana dhal*

240 ml/8 fl oz su

Tatmak için tuz

Büyük bir tutam bikarbonat soda

2 büyük patates, ince doğranmış ve haşlanmış

350g/12oz taze yoğurt

2 yemek kaşığı pudra şekeri

4 yemek kaşığı rafine bitkisel yağ

1 yemek kaşığı kurutulmuş çemen otu yaprağı

1 çay kaşığı zencefil ezmesi

1 çay kaşığı sarımsak ezmesi

2 yeşil biber

1 çay kaşığı öğütülmüş kimyon, kuru kavrulmuş

1 çay kaşığı garam masala

1 yemek kaşığı amchoor*

1 çay kaşığı zerdeçal

½ çay kaşığı biber tozu

150g/5½oz konserve nohut

1 büyük soğan, ince doğranmış

2 yemek kaşığı kişniş yaprağı, ince doğranmış

Yöntem

- Dhal'ı su, tuz ve bikarbonat soda ile bir tencerede orta ateşte 30 dakika pişirin. Dhal çok kuru geliyorsa daha fazla su ekleyin. Patatesleri dhal karışımıyla karıştırın ve bir kenara koyun.

- Yoğurdu şekerle çırpın. Soğutmak için dondurucuya koyun.

- Yağı bir tencerede ısıtın. Çemen otu yapraklarını ekleyin ve orta ateşte 3-4 dakika kızartın.

- Zencefil ezmesini, sarımsak ezmesini, yeşil biberleri, öğütülmüş kimyonu, garam masalayı, amchoor'u, zerdeçal ve kırmızı biber tozunu ekleyin. Sürekli karıştırarak 2-3 dakika kızartın.

- Nohutları ekleyin. Sürekli karıştırarak 5 dakika soteleyin. Dhal karışımını ekleyin ve iyice karıştırın.

- Karışımı ocaktan alıp servis tabağına yayın.

- Üzerine tatlı yoğurdu dökün.

- Soğan ve kişniş yapraklarını serpin. Derhal servis yapın.

Pani puri

30 yapar

İçindekiler
Püri için:

175g/6oz sade beyaz un

100g/3½oz irmik

Tatmak için tuz

Derin kızartma için rafine bitkisel yağ

Doldurma için:

50g/1¾oz filizlenmiş maş fasulyesi

150g/5½oz filizlenmiş nohut

Tatmak için tuz

2 büyük patates, haşlanmış ve ezilmiş

Pani için:

2 yemek kaşığı demirhindi ezmesi

100g/3½oz kişniş yaprağı, ince doğranmış

1½ çay kaşığı öğütülmüş kimyon, kuru kavrulmuş

2-4 yeşil biber, ince doğranmış

2,5 cm/1 inç kök zencefil

Tatmak için kaya tuzu

240 ml/8 fl oz su

Yöntem

- Yağ hariç tüm puri malzemelerini sert bir hamur oluşturacak kadar suyla yoğurun.

- 5 cm/2 inç çapında küçük püreler halinde açın.

- Yağı bir tavada ısıtın. Purileri açık kahverengi olana kadar kızartın. Bir kenara koyun.

- İçi için filizlenmiş maş fasulyesini ve nohutu tuzla birlikte yarı haşlayın. Patateslerle karıştırın. Bir kenara koyun.

- Pani için su hariç tüm pani malzemelerini birlikte öğütün.

- Bu karışımı suya ekleyin. İyice karıştırın ve bir kenara koyun.

- Servis yapmak için her pürede bir delik açın ve içini doldurmayla doldurun. Her birine 3 yemek kaşığı pani dökün ve hemen servis yapın.

Ispanaklı Yumurta Dolması

4 kişilik

İçindekiler

200g/7oz ıspanak

Bir tutam karbonat soda

1 yemek kaşığı rafine bitkisel yağ

1 çay kaşığı kimyon tohumu

6 diş sarımsak, ezilmiş

2 yeşil biber, öğütülmüş

Tatmak için tuz

8 adet sert haşlanmış yumurta, uzunlamasına ikiye bölünmüş

1 yemek kaşığı tereyağı

1 soğan, ince doğranmış

2,5 cm/1 inç kök zencefil, doğranmış

Yöntem

- Ispanağı bikarbonatla karıştırın. İhale edilene kadar buharlayın. Öğütün ve bir kenara koyun.

- Yağı bir tencerede ısıtın. Duman çıkmaya başlayınca kimyon tohumlarını, sarımsağı ve yeşil biberleri ekleyin. Birkaç saniye karıştırarak kızartın. Haşlanmış ıspanağı ve tuzu ekleyin.

- Bir kapakla örtün ve kuruyana kadar pişirin. Bir kenara koyun.

- Yumurtaların sarılarını çıkartın. Yumurta sarılarını ıspanaklı karışıma ekleyin. İyice karıştırın.

- Ispanak-yumurta karışımından kaşık dolusu içi boş yumurta aklarına koyun. Bir kenara koyun.

- Sıvı yağı küçük bir tavada ısıtın. Soğanı ve zencefili altın kahverengi olana kadar kızartın.

- Bunu yumurtaların üzerine serpin. Sıcak servis yapın.

Sada Dosa

(Tuzlu Pirinç Krepi)

15 yapar

İçindekiler

100g/3½oz yarı haşlanmış pirinç

75g/2½oz urad dhal*

½ çay kaşığı çemen otu tohumu

½ çay kaşığı karbonat

Tatmak için tuz

125g yoğurt, çırpılmış

60ml/2fl oz rafine bitkisel yağ

Yöntem

- Pirinci ve dhal'ı çemen otu tohumlarıyla birlikte 7-8 saat bekletin.
- Karışımı süzün ve taneli bir macun haline gelinceye kadar öğütün.
- Bikarbonat soda ve tuz ekleyin. İyice karıştırın.
- 8-10 saat mayalanmaya bırakın.
- Hamuru hazırlamak için yoğurdu ekleyin. Bu hamur bir kaşığı kaplayacak kadar kalın olmalıdır. Gerekirse biraz su ekleyin. Bir kenara koyun.

- Düz bir tavayı yağlayıp ısıtın. İnce bir krep yapmak için üzerine bir kaşık dolusu hamurdan yayın. Üzerine 1 tatlı kaşığı sıvı yağ dökün. Çıtır çıtır olana kadar pişirin. Diğer hamura da aynı işlemi uygulayıp sıcak olarak servis yapın.

Patates Samosa

(Patates Tuzlu)

20 yapar

İçindekiler

175g/6oz sade beyaz un

Bir tutam tuz

5 yemek kaşığı rafine bitkisel yağ artı derin kızartma için ekstra

100 ml/3½ fl oz su

1 cm/½ inç kök zencefil, rendelenmiş

2 yeşil biber, ince doğranmış

2 diş sarımsak, ince doğranmış

½ çay kaşığı öğütülmüş kişniş

1 büyük soğan, ince doğranmış

2 büyük patates, haşlanmış ve ezilmiş

1 yemek kaşığı kişniş yaprağı, ince doğranmış

1 yemek kaşığı limon suyu

½ çay kaşığı zerdeçal

1 çay kaşığı biber tozu

½ çay kaşığı garam masala

Yöntem

- Unu tuz, 2 yemek kaşığı yağ ve suyla karıştırın. Esnek bir hamur haline gelinceye kadar yoğurun. Nemli bir bezle örtün ve 15-20 dakika bekletin.

- Hamuru tekrar yoğurun. Nemli bir bezle örtün ve bir kenara koyun.

- İçi için 3 yemek kaşığı yağı bir tavada kızdırın. Zencefil, yeşil biber, sarımsak ve öğütülmüş kişnişi ekleyin. Orta ateşte sürekli karıştırarak bir dakika kadar kızartın.

- Soğanı ekleyin ve kahverengi olana kadar kızartın.

- Patatesleri, kişniş yapraklarını, limon suyunu, zerdeçalı, toz biberi, garam masalayı ve tuzu ekleyin. İyice karıştırın.

- Kısık ateşte ara sıra karıştırarak 4 dakika pişirin. Bir kenara koyun.

- Samosaları yapmak için hamuru 10 topa bölün. 12 cm/5 inç çapında diskler halinde açın. Her diski 2 yarım aya bölün.

- Nemli parmağınızı yarım ay çapı boyunca gezdirin. Bir koni oluşturmak için uçları bir araya getirin.

- Koninin içine bir yemek kaşığı iç harçtan koyun ve kenarlarını birbirine bastırarak kapatın. Tüm yarım aylar için tekrarlayın.

- Yağı bir tavada ısıtın. Samosaları beşer teker, kısık ateşte açık kahverengi olana kadar kızartın. Emici kağıt üzerine boşaltın.

- Nane turşusu ile sıcak servis yapın

Sıcak Kachori

(Mercimek Dolgulu Kızarmış Mantı)

15 yapar

İçindekiler

250 gr/9 oz sade beyaz un artı yama için 1 yemek kaşığı

5 yemek kaşığı rafine bitkisel yağ artı derin kızartma için ekstra

Tatmak için tuz

1,4 litre/2½ pint su artı yama için 1 yemek kaşığı

300g/10oz mung dhal*_30 dakika kadar ıslatılmış

½ çay kaşığı öğütülmüş kişniş

½ çay kaşığı öğütülmüş rezene

½ çay kaşığı kimyon tohumu

½ çay kaşığı hardal tohumu

2-3 tutam asafoetida

1 çay kaşığı garam masala

1 çay kaşığı biber tozu

Yöntem

- 250g/9oz unu 3 yemek kaşığı yağ, tuz ve 100ml/3½fl oz su ile karıştırın. Yumuşak, esnek bir hamur haline gelinceye kadar yoğurun. 30 dakika bekletin.

- İç harcını hazırlamak için dhal'ı kalan suyla birlikte bir tencerede orta ateşte 45 dakika pişirin. Drenaj yapın ve bir kenara koyun.

- Bir tencerede 2 yemek kaşığı yağı ısıtın. Duman çıkmaya başladığında öğütülmüş kişniş, rezene, kimyon tohumu, hardal tohumu, asafoetida, garam masala, kırmızı biber tozu ve tuzu ekleyin. 30 saniye boyunca dağılmalarına izin verin.

- Pişmiş dhal'ı ekleyin. İyice karıştırın ve sürekli karıştırarak 2-3 dakika kızartın.

- Dhal karışımını soğutun ve 15 limon büyüklüğünde toplara bölün. Bir kenara koyun.

- Yama yapmak için bir macun yapmak üzere 1 yemek kaşığı unu 1 yemek kaşığı suyla karıştırın. Bir kenara koyun.

- Hamuru 15 toplara bölün. 12 cm/5 inç çapında diskler halinde açın.

- 1 top dolguyu bir diskin ortasına yerleştirin. Bir kese gibi kapatın.

- Avuç içi arasında bastırarak hafifçe düzleştirin. Kalan diskler için aynı işlemi tekrarlayın.

- Yağı bir tencerede duman çıkmaya başlayıncaya kadar ısıtın. Diskleri alt kısımları altın rengi kahverengi olana kadar kızartın. Çevirin ve tekrarlayın.

- Eğer bir kachori kızartma sırasında yırtılırsa, onu yama macunuyla kapatın.

- Emici kağıt üzerine boşaltın. Nane turşusu ile sıcak
  servis yapın

Khandvi

(Besan Toplamaları)

10-15 yapar

İçindekiler

60g/2oz fasulye*

60g/2oz yoğurt

120 ml/4 fl oz su

1 çay kaşığı zerdeçal

Tatmak için tuz

5 yemek kaşığı rafine bitkisel yağ

1 yemek kaşığı taze hindistan cevizi, rendelenmiş

1 yemek kaşığı kişniş yaprağı, ince doğranmış

½ çay kaşığı hardal tohumu

2 tutam asafoetida

8 köri yaprağı

2 yeşil biber, ince doğranmış

1 çay kaşığı susam

Yöntem

- Besan, yoğurt, su, zerdeçal ve tuzu birlikte karıştırın.
- Bir tavada 4 yemek kaşığı yağı ısıtın. Besan karışımını ekleyin ve topak oluşmadığından emin olmak için sürekli karıştırarak pişirin.
- Karışım tavanın kenarlarından çıkana kadar pişirin. Bir kenara koyun.
- İki adet 15 × 35 cm/6 × 14 inç yapışmaz fırın tepsisini yağlayın. Besan karışımını dökün ve bir palet bıçağıyla düzleştirin. 10 dakika kadar ayarlanmasına izin verin.
- Karışımı 5 cm/2 inç genişliğinde şeritler halinde kesin. Her şeridi dikkatlice yuvarlayın.
- Ruloları servis tabağına dizin. Üzerine rendelenmiş hindistan cevizi ve kişniş yapraklarını serpin. Bir kenara koyun.
- 1 yemek kaşığı yağı küçük bir tencerede ısıtın. Hardal tohumlarını, asafoetida'yı, köri yapraklarını, yeşil biberleri ve susam tohumlarını ekleyin. 15 saniye boyunca tükürmelerine izin verin.
- Bunu hemen besan rulolarının üzerine dökün. Sıcak veya oda sıcaklığında servis yapın.

Mekke Meydanları

(Mısır Kareleri)

12 yapar

İçindekiler

2 çay kaşığı tereyağı

100g/3½oz mısır taneleri, öğütülmüş

Tatmak için tuz

125g/4½oz haşlanmış bezelye

3 yemek kaşığı rafine bitkisel yağ

8 yeşil biber, ince doğranmış

½ çay kaşığı kimyon tohumu

½ çay kaşığı hardal tohumu

½ çay kaşığı sarımsak ezmesi

½ yemek kaşığı öğütülmüş kişniş

½ yemek kaşığı öğütülmüş kimyon

175g/6oz mısır unu

175g/6oz kepekli un

150 ml/5 fl oz su

Yöntem

- Yağı bir tencerede ısıtın. Duman çıkmaya başlayınca mısırı 3 dakika kızartın. Bir kenara koyun.

- Haşlanan bezelyelere tuz ekleyin. Bezelyeleri iyice ezin. Bir kenara koyun.

- Bir tavada 2 yemek kaşığı yağı ısıtın. Yeşil biberleri, kimyonu ve hardal tohumlarını ekleyin. 15 saniye boyunca tükürmelerine izin verin.

- Kızarmış mısır, bezelye püresi, sarımsak ezmesi, öğütülmüş kişniş ve öğütülmüş kimyonu ekleyin. İyice karıştırın. Ateşten alın ve bir kenara koyun.

- Her iki unu birlikte karıştırın. Tuz ve 1 yemek kaşığı sıvı yağ ekleyin. Suyu ekleyip yumuşak bir hamur yoğurun.

- Her biri 10x10 cm/4x4 inç boyutunda olan 24 kare şekli açın.

- Mısır ve bezelye karışımını bir karenin ortasına yerleştirin ve başka bir kareyle örtün. Kapatmak için karenin kenarlarına yavaşça bastırın.

- Geri kalan kareler için aynı işlemi tekrarlayın.

- Bir kızartma tavasını yağlayıp ısıtın. Kareleri tavada altın rengi oluncaya kadar kızartın.

- Ketçapla birlikte sıcak servis yapın.

Dhal Pakvan

(Mercimekli Çıtır Ekmek)

4 kişilik

İçindekiler

600g/1lb 5oz chana dhal*

3 yemek kaşığı rafine bitkisel yağ

1 çay kaşığı kimyon tohumu

750ml/1¼ pint su

Tatmak için tuz

½ çay kaşığı zerdeçal

½ çay kaşığı amchoor*

10g/¼oz kişniş yaprağı, ince doğranmış

Pakvan için:

250g/9oz sade beyaz un

½ çay kaşığı kimyon tohumu

Tatmak için tuz

Derin kızartma için rafine bitkisel yağ

Yöntem

- Chana dhal'ı 4 saat bekletin. Drenaj yapın ve bir kenara koyun.
- Yağı bir tencerede ısıtın. Kimyon tohumlarını ekleyin. 15 saniye boyunca tükürmelerine izin verin.
- Islatılmış dhal'ı, suyu, tuzu ve zerdeçalı ekleyin. 30 dakika pişirin.
- Servis tabağına aktarın. Amchoor ve kişniş yapraklarını serpin. Bir kenara koyun.
- Sert bir hamur elde etmek için yağ hariç tüm pakwan malzemelerini yeterli suyla yoğurun.
- Ceviz büyüklüğünde toplara bölün. Çapı 10 cm/4 inç olan kalın diskler halinde açın. Her yerini çatalla delin.
- Yağı bir tavada ısıtın. Diskleri altın rengi olana kadar kızartın. Emici kağıt üzerine boşaltın.
- Pakwanlara sıcak dhal ile servis yapın.

Baharatlı Sev

(Baharatlı Gram Un Gevreği)

4 kişilik

İçindekiler

500g/1lb 2oz besan*

1 çay kaşığı ajowan tohumu

1 yemek kaşığı rafine bitkisel yağ artı derin kızartma için ekstra

¼ çay kaşığı asafoetida

Tatmak için tuz

200ml/7fl oz su

Yöntem

- Besan'ı ajowan tohumları, yağ, asafoetida, tuz ve suyla yapışkan bir hamur haline gelinceye kadar yoğurun.
- Hamuru sıkma torbasına koyun.
- Yağı bir tencerede ısıtın. Erişte şeklindeki hamuru nozülden geçirerek tavaya bastırın ve her iki tarafı da hafifçe kızartın.
- Saklamadan önce iyice süzün ve soğutun.

NOT:*Bu iki hafta boyunca saklanabilir.*

Doldurulmuş Sebzeli Hilal

6 yapar

İçindekiler

350g/12oz sade beyaz un

6 yemek kaşığı ılık rafine bitkisel yağ artı derin kızartma için ekstra

Tatmak için tuz

1 domates, dilimlenmiş

Dolgu için:

3 yemek kaşığı rafine bitkisel yağ

200g/7oz bezelye

1 havuç, jülyen doğranmış

100g/3½oz Fransız fasulyesi, ince şeritler halinde doğranmış

4 yemek kaşığı taze hindistan cevizi, rendelenmiş

3 yeşil biber

2,5 cm/1 inç kök zencefil, ezilmiş

4 çay kaşığı kişniş yaprağı, ince doğranmış

2 çay kaşığı şeker

2 çay kaşığı limon suyu

Tatmak için tuz

Yöntem

- İlk önce dolguyu yapın. Yağı bir tencerede ısıtın. Bezelye, havuç ve Fransız fasulyesini ekleyin ve sürekli karıştırarak yumuşayana kadar kızartın.

- Geri kalan tüm dolgu malzemelerini ekleyin ve iyice karıştırın. Bir kenara koyun.

- Unu yağ ve tuzla karıştırın. Sert bir hamur haline gelinceye kadar yoğurun.

- Hamuru 6 adet limon büyüklüğünde bezelere ayırın.

- Her topu 10 cm/4 inç çapında bir diske yuvarlayın.

- Sebze dolgusunu bir diskin yarısına yerleştirin. Diğer yarısını dolguyu kapatacak şekilde katlayın ve kenarları birbirine bastırarak kapatın.

- Tüm diskler için tekrarlayın.

- Yağı bir tencerede ısıtın. Hilalleri ekleyin ve altın rengi oluncaya kadar kızartın.

- Yuvarlak bir servis tabağına dizin ve üzerini domates dilimleriyle süsleyin. Derhal servis yapın.

Kachori Usal

(Nohutlu Kızarmış Ekmek)

4 kişilik

İçindekiler
Böreği için:

50g/1¾oz çemen otu yaprağı ince doğranmış

175g/6oz kepekli un

2 yeşil biber, ince doğranmış

1 çay kaşığı zencefil ezmesi

¼ çay kaşığı zerdeçal

100 ml/3½ fl oz su

Tatmak için tuz

Dolgu için:

1 çay kaşığı rafine bitkisel yağ

250g/9oz maş fasulyesi, haşlanmış

250g/9oz yeşil nohut, haşlanmış

¼ çay kaşığı zerdeçal

½ çay kaşığı biber tozu

1 çay kaşığı öğütülmüş kişniş

1 çay kaşığı öğütülmüş kimyon

Tatmak için tuz

Sosu için:

2 çay kaşığı rafine bitkisel yağ

2 büyük soğan, ince doğranmış

2 domates, doğranmış

1 çay kaşığı sarımsak ezmesi

½ çay kaşığı garam masala

¼ çay kaşığı biber tozu

Tatmak için tuz

Yöntem

- Tüm hamur malzemelerini birbirine karıştırın. Sert bir hamur haline gelinceye kadar yoğurun. Bir kenara koyun.

- İçi için yağı bir tavada ısıtın ve tüm iç malzemesini orta ateşte 5 dakika soteleyin. Bir kenara koyun.

- Sosu için yağı bir tavada kızdırın. Sos malzemelerinin tamamını ekleyin. Ara sıra karıştırarak 5 dakika kızartın. Bir kenara koyun.

- Hamuru 8 parçaya bölün. Her parçayı 10 cm/4 inç çapında bir disk şeklinde açın.

- Diskin ortasına bir miktar dolgu yerleştirin. Bir kese gibi kapatın ve doldurulmuş bir top oluşturacak şekilde pürüzsüz hale getirin. Tüm diskler için tekrarlayın.

- Topları 15 dakika boyunca buharda pişirin.
- Topları sosa ekleyin ve kaplayın. 5 dakika kısık ateşte pişirin.
- Sıcak servis yapın.

Dhal Dhokli

(Gujarati Tuzlu Atıştırmalık)

4 kişilik

İçindekiler
Dhokli için:

175g/6oz kepekli un

Bir tutam zerdeçal

¼ çay kaşığı biber tozu

½ çay kaşığı ajowan tohumu

1 çay kaşığı rafine bitkisel yağ

100 ml/3½ fl oz su

Dal için:

2 yemek kaşığı rafine bitkisel yağ

3-4 karanfil

5 cm/2 inç tarçın

1 çay kaşığı hardal tohumu

300g/10oz masur dhal*, pişmiş ve püre haline getirilmiş

½ çay kaşığı zerdeçal

Bir tutam asafoetida

1 yemek kaşığı demirhindi ezmesi

2 yemek kaşığı rendelenmiş pekmez*

60g/2oz fıstık

1 çay kaşığı öğütülmüş kişniş

1 çay kaşığı öğütülmüş kimyon

½ çay kaşığı biber tozu

Tatmak için tuz

25g/yetersiz 1oz kişniş yaprağı, ince doğranmış

Yöntem

- Tüm dhokli malzemelerini birlikte karıştırın. Sert bir hamur elde edinceye kadar yoğurun.

- Hamuru 5-6 bezeye bölün. Çapı 6 cm/2,4 inç olan kalın diskler halinde açın. Sertleşmesi için 10 dakika bekletin.

- Dhokli disklerini elmas şeklindeki parçalar halinde kesin. Bir kenara koyun.

- Dhal için yağı bir tencerede ısıtın. Karanfil, tarçın ve hardal tohumlarını ekleyin. 15 saniye boyunca tükürmelerine izin verin.

- Kişniş yaprakları hariç kalan tüm dhal malzemelerini ekleyin. İyice karıştırın. Dhal kaynamaya başlayıncaya kadar yüksek ateşte pişirin.

- Dhokli parçalarını kaynayan dhal'a ekleyin. 10 dakika kadar kısık ateşte pişirmeye devam edin.

- Kişniş yapraklarıyla süsleyin. Sıcak servis yapın.

Misal

(Sağlıklı Filizlenmiş Fasulye Aperatifi)

4 kişilik

İçindekiler

3-4 yemek kaşığı rafine bitkisel yağ

½ çay kaşığı hardal tohumu

¼ çay kaşığı asafoetida

6 köri yaprağı

1 çay kaşığı zencefil ezmesi

1 çay kaşığı sarımsak ezmesi

25gr/yetersiz 1oz kişniş yaprağı, blenderde öğütülmüş

1 çay kaşığı biber tozu

1 çay kaşığı demirhindi ezmesi

2 çay kaşığı rendelenmiş jaggery*

Tatmak için tuz

300g/10oz filizlenmiş maş fasulyesi, haşlanmış

2 büyük patates, doğranmış ve haşlanmış

500 ml/16 fl oz su

300g/10oz Bombay Karışımı*

1 büyük domates, ince doğranmış

1 büyük soğan, ince doğranmış

25g/yetersiz 1oz kişniş yaprağı, ince doğranmış

4 dilim ekmek

Baharat karışımı için:

1 çay kaşığı kimyon tohumu

2 çay kaşığı kişniş tohumu

2 karanfil

3 adet karabiber

¼ çay kaşığı öğütülmüş tarçın

Yöntem

- Baharat karışımının tüm bileşenlerini birlikte öğütün. Bir kenara koyun.

- Yağı bir tencerede ısıtın. Hardal tohumlarını, asafoetida'yı ve köri yapraklarını ekleyin. 2-3 dakika kadar çırpmalarına izin verin.

- Zencefil ezmesini, sarımsak ezmesini, öğütülmüş kişniş yapraklarını, kırmızı biber tozunu, demirhindi ezmesini, jaggery'yi ve tuzu ekleyin. İyice karıştırıp 3-4 dakika pişirin.

- Öğütülmüş baharat karışımını ekleyin. 2-3 dakika soteleyin.

- Filizlenmiş fasulyeleri, patatesleri ve suyu ekleyin. İyice karıştırın ve 15 dakika pişirin.

- Servis kasesine aktarın ve üzerine Bombay Karışımı, doğranmış domates, doğranmış soğan ve kişniş yapraklarını serpin.

- Yanında bir dilim ekmekle sıcak olarak servis yapın.

Pandori

(Mung Dhal Atıştırmalığı)

12 yapar

İçindekiler

1 yeşil biber, uzunlamasına ikiye bölünmüş

Tatmak için tuz

1 çay kaşığı bikarbonat soda

¼ çay kaşığı asafoetida

250g/9oz bütün mung dhal*4 saat suda bekletilmiş

2 çay kaşığı rafine bitkisel yağ

2 çay kaşığı kişniş yaprağı, ince doğranmış

Yöntem

- Dhal'a yeşil biberi, tuzu, bikarbonatı ve asafoetidayı ekleyin. Bir macun haline gelinceye kadar öğütün.
- 20 cm'lik yuvarlak kek kalıbını yağla yağlayın ve içine dhal ezmesini dökün. 10 dakika boyunca buharlayın.
- Buharda pişirilmiş dhal karışımını 10 dakika bir kenara koyun. Soğuduktan sonra 2,5 cm/1 inçlik parçalar halinde kesin.
- Kişniş yapraklarıyla süsleyin. Yeşil hindistan cevizi turşusu ile sıcak servis yapın

Sebze Adası

(Sebzeli, Pirinçli ve Mercimekli Krep)

8 yapar

İçindekiler

100g/3½oz yarı haşlanmış pirinç

150g/5½oz masur yağı*

75g/2½oz urad dhal*

3-4 kırmızı biber

¼ çay kaşığı asafoetida

Tatmak için tuz

4 yemek kaşığı su

1 soğan, ince doğranmış

½ havuç, ince doğranmış

50g/1¾oz lahana,

ince doğranmış 4-5 köri yaprağı

10g/¼oz kişniş yaprağı, ince doğranmış

4 çay kaşığı rafine bitkisel yağ

Yöntem

- Pirinci ve dhalleri yaklaşık 20 dakika kadar suda bekletin.

- Kırmızı biberleri, asafoetida'yı, tuzu ve suyu boşaltın ve ekleyin. Kaba bir macun haline gelinceye kadar öğütün.

- Soğanı, havucu, lahanayı, köri yapraklarını ve kişniş yapraklarını ekleyin. Pandispanya hamuruna benzer kıvamda bir hamur elde etmek için iyice karıştırın. Kıvam uygun değilse daha fazla su ekleyin.

- Düz bir tavayı yağlayın. Bir kaşık dolusu hamur dökün. İnce bir krep yapmak için kaşığın tersiyle yayın.

- Krepin etrafına yarım çay kaşığı sıvı yağ dökün. Her iki tarafı da pişirmek için çevirin.

- Hamurun geri kalanı için tekrarlayın. Hindistan cevizi turşusu ile sıcak servis yapın

Koçanda Baharatlı Mısır

4 kişilik

İçindekiler

8 mısır koçanı

Tatmak için tuzlu tereyağı

Tatmak için tuz

2 çay kaşığı chaat masala*

2 limon, ikiye bölünmüş

Yöntem

- Mısır koçanlarını kömür ızgarasında veya açık ateşte her yeri altın rengi oluncaya kadar kızartın.
- Her bir koçanın üzerine tereyağını, tuzu, chaat masala'yı ve limonları sürün.
- Derhal servis yapın.

Karışık Sebze Pirzolası

12 yapar

İçindekiler

Tatmak için tuz

¼ çay kaşığı öğütülmüş karabiber

4-5 adet büyük boy patates, haşlanmış ve ezilmiş

2 yemek kaşığı rafine bitkisel yağ artı derin kızartma için ekstra

1 küçük soğan, ince doğranmış

½ çay kaşığı garam masala

1 çay kaşığı limon suyu

100g/3½oz dondurulmuş karışık sebze

2-3 yeşil biber, ince doğranmış

50g/1¾oz kişniş yaprağı, ince doğranmış

250g/9oz ararot tozu

150 ml/5 fl oz su

100g/3½oz galeta unu

Yöntem

- Patateslere tuz ve karabiberi ekleyin. İyice karıştırın ve 12 topa bölün. Bir kenara koyun.

- İçi için 2 yemek kaşığı yağı tavada ısıtın. Soğanı yarı saydam olana kadar orta ateşte kızartın.

- Garam masalayı, limon suyunu, karışık sebzeleri, yeşil biberleri ve kişniş yapraklarını ekleyin. İyice karıştırıp orta ateşte 2-3 dakika pişirin. İyice ezin ve bir kenara koyun.

- Patates toplarını yağlanmış avuç içi ile düzleştirin.

- Her patates köftesinin üzerine bir miktar dolgu karışımı koyun. Dikdörtgen şekilli pirzolalar yapmak için kapatın. Bir kenara koyun.

- İnce bir hamur oluşturmak için ararot tozunu yeterli suyla karıştırın.

- Yağı bir tavada ısıtın. Pirzolaları hamura batırın, ekmek kırıntılarına bulayın ve orta ateşte altın rengi kahverengi olana kadar kızartın.

- Süzüp sıcak olarak servis yapın.

İdli Upma

(Buğulanmış Pirinç Keki Atıştırmalığı)

4 kişilik

İçindekiler

5 yemek kaşığı rafine bitkisel yağ

½ çay kaşığı hardal tohumu

½ çay kaşığı kimyon tohumu

1 çay kaşığı urad dhal*

2 yeşil biber, uzunlamasına kesilmiş

8 köri yaprağı

Bir tutam asafoetida

¼ çay kaşığı zerdeçal

8 idlis ezilmiş

2 çay kaşığı pudra şekeri

1 yemek kaşığı kişniş yaprağı, ince doğranmış

Tatmak için tuz

Yöntem

- Yağı bir tencerede ısıtın. Hardal tohumlarını, kimyon tohumlarını, urad dhal'ı, yeşil biberleri, köri yapraklarını, asafoetida'yı ve zerdeçalı ekleyin. 30 saniye boyunca dağılmalarına izin verin.

- Ezilmiş idlis, pudra şekeri, kişniş ve tuzu ekleyin. Yavaşça karıştırın.

- Derhal servis yapın.

Dhal Bhajiya

(Hamurda Kızartılmış Mercimek Topları)

15 yapar

İçindekiler

250/9oz mung dhal*2-3 saat suda bekletilir

2 yeşil biber, ince doğranmış

2 yemek kaşığı kişniş yaprağı, ince doğranmış

1 çay kaşığı kimyon tohumu

Tatmak için tuz

Derin kızartma için rafine bitkisel yağ

Yöntem

- Dhal'ı boşaltın ve kabaca öğütün.
- Biberleri, kişniş yapraklarını, kimyon tohumlarını ve tuzu ekleyin. İyice karıştırın.
- Yağı bir tavada ısıtın. Dhal karışımından küçük porsiyonlar ekleyin ve orta ateşte altın rengi kahverengi olana kadar kızartın.
- Nane turşusu ile sıcak servis yapın

Masala Papad

(Baharatlarla Doldurulmuş Poppadom'lar)

8 yapar

İçindekiler

2 domates, ince doğranmış

2 büyük soğan, ince doğranmış

3 yeşil biber, ince doğranmış

10g/¼oz kişniş yaprağı, doğranmış

2 çay kaşığı limon suyu

1 çay kaşığı chaat masala*

Tatmak için tuz

8 poppadom

Yöntem

- Poppadomlar hariç tüm malzemeleri bir kasede karıştırın.
- Poppadomları yüksek ateşte her iki tarafını çevirerek kızartın. Onları yakmadığınızdan emin olun.
- Sebze karışımını her poppadomun üzerine yayın. Derhal servis yapın.

Sebzeli Sandviç

6 yapar

İçindekiler

12 ekmek dilimi

50g/1¾oz tereyağı

100g/3½oz nane turşusu

1 büyük patates, haşlanmış ve ince dilimlenmiş

1 domates, ince dilimlenmiş

1 büyük soğan, ince dilimlenmiş

1 salatalık, ince dilimlenmiş

Chaat masala*tatmak

Tatmak için tuz

Yöntem

- Ekmek dilimlerini yağlayın ve her birine ince bir kat nane turşusu sürün.
- 6 ekmek diliminin üzerine birer kat patates, domates, soğan ve salatalık dilimleri yerleştirin.
- Biraz chaat masala ve tuz serpin.
- Kalan ekmek dilimlerini üzerine kapatıp dilediğiniz gibi kesin. Derhal servis yapın.

Filizlenmiş Maş Fasulyesi Ruloları

8 yapar

İçindekiler

175g/6oz kepekli un

2 yemek kaşığı sade beyaz un

½ çay kaşığı pudra şekeri

75 ml/ 2½ fl oz su

50g/1¾oz dondurulmuş bezelye

25g/yetersiz 1oz filizlenmiş maş fasulyesi

2 yemek kaşığı rafine bitkisel yağ

50g/1¾oz ıspanak, ince doğranmış

1 küçük domates, ince doğranmış

1 küçük soğan, ince doğranmış

30g/1oz lahana yaprağı, ince doğranmış

1 çay kaşığı öğütülmüş kimyon

1 çay kaşığı öğütülmüş kişniş

¼ çay kaşığı zencefil ezmesi

¼ çay kaşığı sarımsak ezmesi

60ml/2fl oz krem

Tatmak için tuz

750g/1lb 10oz yoğurt

Yöntem

- Tam buğday unu, normal beyaz un, şeker ve suyu karıştırın. Sert bir hamur haline gelinceye kadar yoğurun. Bir kenara koyun.

- Bezelye ve maş fasulyesini minimum suda kaynatın. Drenaj yapın ve bir kenara koyun.

- Yağı bir tencerede ısıtın. Ispanak, domates, soğan ve lahanayı ekleyin. Ara ara karıştırarak, domatesler suyunu salıp çekene kadar kavurun.

- Bezelye ve maş fasulyesi karışımını, hamur hariç kalan tüm malzemelerle birlikte ekleyin. Orta ateşte kuruyana kadar pişirin. Bir kenara koyun.

- Hamurla ince chapattis yapın.

- Her chapattinin bir tarafının ortasına, pişen karışımı uzunlamasına yerleştirip, yuvarlayın. Nane turşusu ve yoğurtla servis yapın.

Hint turşusu sandviçi

6 yapar

İçindekiler

12 ekmek dilimi

½ çay kaşığı tereyağı

6 yemek kaşığı nane turşusu

4 domates, dilimlenmiş

Yöntem

- Bütün ekmek dilimlerini yağlayın. Nane turşusunu 6 dilimin üzerine yayın.

- Domatesleri nane turşusunun üzerine yerleştirin ve üzerini başka bir tereyağlı dilimle örtün. Derhal servis yapın.

Chatpata Gobhi

(Keskin Karnabahar Atıştırmalığı)

4 kişilik

İçindekiler

500g/1lb 2oz karnabahar çiçeği

Tatmak için tuz

1 çay kaşığı öğütülmüş karabiber

1 yemek kaşığı rafine bitkisel yağ

1 yemek kaşığı limon suyu

Yöntem

- Karnabahar çiçeklerini 10 dakika buharda pişirin. Soğuması için bir kenara koyun.
- Buharda pişmiş çiçekleri kalan malzemelerle iyice karıştırın. Karnabaharı ateşe dayanıklı bir tabağa yayın ve 5-7 dakika veya kahverengileşinceye kadar ızgara yapın. Sıcak servis yapın.

Sabudana Vada

(Sago Köftesi)

12 yapar

İçindekiler

300g/10oz sago

125g/4½oz fıstık, kavrulmuş ve kabaca ezilmiş

2 büyük patates, haşlanmış ve ezilmiş

5 yeşil biber, ezilmiş

Tatmak için tuz

Derin kızartma için rafine bitkisel yağ

Yöntem

- Sago'yu 5 saat bekletin. İyice süzün ve 3-4 saat bekletin.
- Sago'yu yağ hariç tüm malzemelerle karıştırın. İyice yoğurun.
- Avuçlarınızı yağlayın ve karışımdan on iki köfte yapın.
- Yağı bir tavada ısıtın. Her seferinde 3-4 köfteyi orta ateşte, altın rengi kahverengi olana kadar kızartın.
- Emici kağıt üzerine boşaltın. Nane turşusu ile sıcak servis yapın.

Ekmek Upma

(Ekmek Aralığı)

4 kişilik

İçindekiler

2 yemek kaşığı rafine bitkisel yağ

½ çay kaşığı hardal tohumu

½ çay kaşığı kimyon tohumu

3 yeşil biber, uzunlamasına kesilmiş

½ çay kaşığı zerdeçal

¼ çay kaşığı asafoetida

2 soğan, ince doğranmış

2 domates, ince doğranmış

Tatmak için tuz

2 çay kaşığı şeker

3-4 yemek kaşığı su

15 ekmek dilimi, parçalara ayrılmış

1 yemek kaşığı kişniş yaprağı, doğranmış

Yöntem

- Yağı bir tavada ısıtın. Hardal tohumlarını, kimyon tohumlarını, yeşil biberleri, zerdeçalı ve asafoetidayı ekleyin. 15 saniye boyunca tükürmelerine izin verin.

- Soğanları ekleyin ve şeffaflaşana kadar soteleyin. Domatesleri, tuzu, şekeri ve suyu ekleyin. Orta ateşte kaynamaya getirin.

- Ekmeği ekleyin ve iyice karıştırın. Ara sıra karıştırarak 2-3 dakika pişirin.

- Kişniş yapraklarıyla süsleyin. Sıcak servis yapın.

Baharatlı Khaja

(Zencefilli Baharatlı Un Köfte)

25-30 yapar

İçindekiler

500g/1lb 2oz besan*

85g/3oz sade beyaz un

2 çay kaşığı biber tozu

½ çay kaşığı ajowan tohumu

½ çay kaşığı kimyon tohumu

1 yemek kaşığı kişniş yaprağı, doğranmış

Tatmak için tuz

200ml/7fl oz su

1 yemek kaşığı rafine bitkisel yağ artı derin kızartma için ekstra

Yöntem

- Kızartmak için gerekli olan yağ hariç tüm malzemeleri yumuşak bir hamur elde edinceye kadar yoğurun.

- 10 cm çapında 25-30 top yapın. Her yerini çatalla delin.

- Temiz bir bez üzerinde 25-30 dakika kurumaya bırakın.

- Altın kahverengi olana kadar derin kızartın. Drenaj yapın, soğutun ve 15 güne kadar saklayın.

Çıtır Patates

4 kişilik

İçindekiler

500g/1lb 2oz Yunan yoğurdu

1 çay kaşığı zencefil ezmesi

1 çay kaşığı sarımsak ezmesi

1 çay kaşığı garam masala

1 çay kaşığı öğütülmüş kimyon, kuru kavrulmuş

1 yemek kaşığı nane yaprağı, doğranmış

½ yemek kaşığı kişniş yaprağı, doğranmış

Tatmak için tuz

2 yemek kaşığı rafine bitkisel yağ

4-5 adet soyulmuş ve jülyen doğranmış patates

Yöntem

- Yoğurdu bir kasede çırpın. Yağ ve patates hariç tüm malzemeleri ekleyin. İyice karıştırın.

- Patatesleri yoğurtla birlikte buzdolabında 3-4 saat marine edin.

- Yağı bir tavaya dökün ve üzerine marine edilmiş patatesleri dizin.

- 10 dakika ızgara yapın. Patatesleri çevirin ve çıtır çıtır olana kadar 8-10 dakika daha ızgarada pişirin. Sıcak servis yapın.

Dhal Vada

(Kızarmış Karışık Mercimek Köftesi)

15 yapar

İçindekiler

300g/10oz bütün masoor dhal*

150g/5½oz masur yağı*

1 büyük soğan, ince doğranmış

2,5 cm/1 inç kök zencefil, ince doğranmış

3 yeşil biber, ince doğranmış

¼ yemek kaşığı asafoetida

Tatmak için tuz

Kızartma için rafine bitkisel yağ

Yöntem

- Dhalleri birlikte karıştırın. Bir kevgir içine koyun ve içine su dökün. Bir saatliğine bir kenara koyun. Bir havluyla kurulayın.

- Dhal'ları macun haline getirin. Yağ hariç kalan tüm malzemeleri ekleyin. İyice karıştırın ve karışıma köfte şekli verin.

- Yağı bir tavada ısıtın. Köfteleri orta ateşte altın rengi oluncaya kadar kızartın. Nane turşusu ile sıcak servis yapın

Zunka

(Baharatlı Gram Unlu Köri)

4 kişilik

İçindekiler

750g/1lb 10oz fasulye*, kuru kavrulmuş

400ml/14fl oz su

4 yemek kaşığı rafine bitkisel yağ

½ çay kaşığı hardal tohumu

½ çay kaşığı kimyon tohumu

½ çay kaşığı zerdeçal

3-4 yeşil biber, uzunlamasına kesilmiş

10 diş sarımsak, ezilmiş

3 küçük soğan, ince doğranmış

1 çay kaşığı demirhindi ezmesi

Tatmak için tuz

Yöntem

- Kalın bir macun oluşturmak için besanı yeterli suyla karıştırın. Bir kenara koyun.

- Yağı bir tencerede ısıtın. Hardal ve kimyon tohumlarını ekleyin. 15 saniye boyunca tükürmelerine izin verin. Kalan malzemeleri ekleyin. Bir dakika kızartın. Besan ezmesini ekleyin ve kısık ateşte koyulaşana kadar sürekli karıştırın. Sıcak servis yapın.

Şalgam Köri

4 kişilik

İçindekiler

3 çay kaşığı haşhaş tohumu

3 çay kaşığı susam

3 çay kaşığı kişniş tohumu

3 çay kaşığı taze hindistan cevizi, rendelenmiş

125g/4½oz yoğurt

120ml/4fl oz rafine bitkisel yağ

2 büyük soğan, ince doğranmış

1½ çay kaşığı biber tozu

1 çay kaşığı zencefil ezmesi

1 çay kaşığı sarımsak ezmesi

400g/14oz şalgam, doğranmış

Tatmak için tuz

Yöntem

- Haşhaş, susam ve kişniş tohumlarını ve hindistan cevizini 1-2 dakika kuru olarak kavurun. Bir macun haline gelinceye kadar öğütün.

- Bu macunu yoğurtla çırpın. Bir kenara koyun.

- Yağı bir tencerede ısıtın. Kalan malzemeleri ekleyin. Bunları orta ateşte 5 dakika kızartın. Yoğurtlu karışımı ekleyin. 7-8 dakika kaynatın. Sıcak servis yapın.

Chhaner Dhalna

(Bengalce Stil Paneer)

4 kişilik

İçindekiler

2 yemek kaşığı hardal yağı artı derin kızartma için ekstra

225g/8oz panel*, doğranmış

2,5 cm/1 inç tarçın

3 adet yeşil kakule kabuğu

4 karanfil

½ çay kaşığı kimyon tohumu

1 çay kaşığı zerdeçal

2 büyük patates, doğranmış ve kızartılmış

½ çay kaşığı biber tozu

2 çay kaşığı şeker

Tatmak için tuz

250 ml/8 fl oz su

2 yemek kaşığı kişniş yaprağı, doğranmış

Yöntem

- Derin kızartmak için yağı bir tavada ısıtın. Paneer'i ekleyin ve altın kahverengi olana kadar orta ateşte kızartın. Drenaj yapın ve bir kenara koyun.

- Kalan yağı bir tencerede ısıtın. Su ve kişniş yaprakları dışında kalan malzemeleri ekleyin. 2-3 dakika kızartın.

- Suyu ekleyin. 7-8 dakika kaynatın. Bölmeyi ekleyin. 5 dakika daha kaynatın. Kişniş yapraklarıyla süsleyin. Sıcak servis yapın.

Hindistan Cevizli Mısır

4 kişilik

İçindekiler

2 yemek kaşığı tereyağı

600g/1lb 5oz mısır taneleri, pişmiş

1 çay kaşığı şeker

1 çay kaşığı tuz

10g/¼oz kişniş yaprağı, ince doğranmış

Hindistan cevizi ezmesi için:

50g/1¾oz taze hindistan cevizi, rendelenmiş

3 yemek kaşığı haşhaş tohumu

1 çay kaşığı kişniş tohumu

2,5 cm/1 inç kök zencefil, jülyen doğranmış

3 yeşil biber

125g/4½oz fıstık

Yöntem

- Hindistan cevizi ezmesi için tüm malzemeleri irice öğütün. Yağı bir tavada ısıtın. Salçayı ekleyin ve sürekli karıştırarak 4-5 dakika kızartın.

- Mısır, şeker ve tuzu ekleyin. 4-5 dakika kısık ateşte pişirin.

- Kişniş yapraklarıyla süsleyin. Sıcak servis yapın.

Patatesli Yeşil Biber

4 kişilik

İçindekiler

2 yemek kaşığı rafine bitkisel yağ

1 çay kaşığı kimyon tohumu

10 diş sarımsak, ince doğranmış

3 büyük patates, doğranmış

2 çay kaşığı öğütülmüş kişniş

1 çay kaşığı öğütülmüş kimyon

½ çay kaşığı zerdeçal

½ çay kaşığı amchoor[*]

½ çay kaşığı garam masala

Tatmak için tuz

3 büyük yeşil biber, jülyen doğranmış

3 yemek kaşığı kişniş yaprağı, doğranmış

Yöntem

- Yağı bir tencerede ısıtın. Kimyon tohumlarını ve sarımsağı ekleyin. 30 saniye kızartın.

- Biber ve kişniş yaprakları hariç kalan malzemeleri ekleyin. Orta ateşte 5-6 dakika karıştırarak kavurun.

- Biberleri ekleyin. Kısık ateşte 5 dakika daha karıştırarak kavurun. Kişniş yapraklarıyla süsleyin. Sıcak servis yapın.

Patatesli Baharatlı Bezelye

4 kişilik

İçindekiler

2 yemek kaşığı rafine bitkisel yağ

1 çay kaşığı zencefil ezmesi

1 büyük soğan, ince doğranmış

2 büyük patates, doğranmış

500g/1lb 2oz konserve bezelye

½ çay kaşığı zerdeçal

Tatmak için tuz

½ çay kaşığı garam masala

2 büyük domates, doğranmış

½ çay kaşığı biber tozu

1 çay kaşığı şeker

1 yemek kaşığı kişniş yaprağı, doğranmış

Yöntem

- Yağı bir tencerede ısıtın. Zencefil ezmesini ve soğanı ekleyin. Soğan yarı saydam oluncaya kadar bunları kızartın.

- Kişniş yaprakları hariç kalan malzemeleri ekleyin. İyice karıştırın. Kapağını kapatın ve kısık ateşte 10 dakika pişirin.

- Kişniş yapraklarıyla süsleyin. Sıcak servis yapın.

Sote Mantar

4 kişilik

İçindekiler

2 yemek kaşığı rafine bitkisel yağ

4 yeşil biber, uzunlamasına kesilmiş

8 diş sarımsak, ezilmiş

100g/3½oz yeşil biber, dilimlenmiş

400g/14oz mantar, dilimlenmiş

Tatmak için tuz

½ çay kaşığı iri öğütülmüş karabiber

25g/yetersiz 1oz kişniş yaprağı, doğranmış

Yöntem

- Yağı bir tavada ısıtın. Yeşil biberleri, sarımsakları ve yeşil biberleri ekleyin. Bunları orta ateşte 1-2 dakika kızartın.

- Mantarları, tuzu ve karabiberi ekleyin. İyice karıştırın. Orta ateşte yumuşayana kadar soteleyin. Kişniş yapraklarıyla süsleyin. Sıcak servis yapın.

Bebek Mısırlı Baharatlı Mantar

4 kişilik

İçindekiler

2 yemek kaşığı rafine bitkisel yağ

1 çay kaşığı kimyon tohumu

2 adet defne yaprağı

1 çay kaşığı zencefil ezmesi

2 yeşil biber, ince doğranmış

1 büyük soğan, ince doğranmış

200g/7oz mantar, yarıya bölünmüş

8-10 adet bebek mısır, doğranmış

125g/4½oz domates püresi

½ çay kaşığı zerdeçal

Tatmak için tuz

½ çay kaşığı garam masala

½ çay kaşığı şeker

10g/¼oz kişniş yaprağı, doğranmış

Yöntem

- Yağı bir tencerede ısıtın. Kimyon tohumlarını ve defne yapraklarını ekleyin. 15 saniye boyunca tükürmelerine izin verin.

- Zencefil ezmesini, yeşil biberleri ve soğanı ekleyin. 1-2 dakika soteleyin.

- Kişniş yaprakları hariç kalan malzemeleri ekleyin. İyice karıştırın. Kapağını kapatın ve kısık ateşte 10 dakika pişirin.

- Kişniş yapraklarıyla süsleyin. Sıcak servis yapın.

Kuru Baharatlı Karnabahar

4 kişilik

İçindekiler

750g/1lb 10oz karnabahar çiçeği

Tatmak için tuz

Bir tutam zerdeçal

4 defne yaprağı

750ml/1¼ pint su

2 yemek kaşığı rafine bitkisel yağ

4 karanfil

4 adet yeşil kakule kabuğu

1 büyük soğan, dilimlenmiş

1 çay kaşığı zencefil ezmesi

1 çay kaşığı sarımsak ezmesi

1 çay kaşığı garam masala

½ çay kaşığı biber tozu

¼ çay kaşığı öğütülmüş karabiber

10 kaju fıstığı, öğütülmüş

2 yemek kaşığı yoğurt

3 yemek kaşığı domates püresi

3 yemek kaşığı tereyağı

60ml/2fl oz tek krem

Yöntem

- Karnabaharı tuz, zerdeçal, defne yaprağı ve suyla bir tencerede orta ateşte 10 dakika pişirin. Çiçeklerini süzün ve fırına dayanıklı bir tabağa dizin. Bir kenara koyun.

- Yağı bir tencerede ısıtın. Karanfilleri ve kakuleyi ekleyin. 15 saniye boyunca tükürmelerine izin verin.

- Soğanı, zencefil ezmesini ve sarımsak ezmesini ekleyin. Bir dakika kızartın.

- Garam masala, toz biber, karabiber ve kaju fıstığını ekleyin. 1-2 dakika kızartın.

- Yoğurt ve domates püresini ekleyin. İyice karıştırın. Tereyağı ve kremayı ekleyin. Bir dakika karıştırın. Isıdan çıkarın.

- Bunu karnabahar çiçeklerinin üzerine dökün. 150°C'de (300°F, Gas Mark 2) önceden ısıtılmış fırında 8-10 dakika pişirin. Sıcak servis yapın.

Mantarlı Köri

4 kişilik

İçindekiler

3 yemek kaşığı rafine bitkisel yağ

2 büyük soğan, rendelenmiş

1 çay kaşığı zencefil ezmesi

1 çay kaşığı sarımsak ezmesi

½ çay kaşığı zerdeçal

1 çay kaşığı biber tozu

1 çay kaşığı öğütülmüş kişniş

400g/14oz mantar, dörde bölünmüş

200g/7oz bezelye

2 domates, ince doğranmış

½ çay kaşığı garam masala

Tatmak için tuz

20 kaju fıstığı, öğütülmüş

240 ml/6 fl oz su

Yöntem

- Yağı bir tencerede ısıtın. Soğanları ekleyin. Onları kahverengi olana kadar kızartın.

- Zencefil ezmesini, sarımsak ezmesini, zerdeçalı, kırmızı biber tozunu ve öğütülmüş kişnişi ekleyin. Orta ateşte bir dakika soteleyin.

- Kalan malzemeleri ekleyin. İyice karıştırın. Bir kapakla örtün ve 8-10 dakika pişirin. Sıcak servis yapın.

Baingan bharta

(Közlenmiş Patlıcan)

4 kişilik

İçindekiler

1 büyük patlıcan

3 yemek kaşığı rafine bitkisel yağ

1 büyük soğan, ince doğranmış

3 yeşil biber, uzunlamasına kesilmiş

¼ çay kaşığı zerdeçal

Tatmak için tuz

½ çay kaşığı garam masala

1 domates, ince doğranmış

Yöntem

- Patlıcanların her tarafını çatalla delip 25 dakika kadar ızgarada pişirin. Soğuduktan sonra kavrulmuş deriyi atın ve eti ezin. Bir kenara koyun.

- Yağı bir tencerede ısıtın. Soğanı ve yeşil biberi ekleyin. Orta ateşte 2 dakika kadar kızartın.

- Zerdeçal, tuz, garam masala ve domatesi ekleyin. İyice karıştırın. 5 dakika kızartın. Ezilmiş patlıcan püresini ekleyin. İyice karıştırın.

- Kısık ateşte ara sıra karıştırarak 8 dakika pişirin. Sıcak servis yapın.

Sebze Haydarabadi

4 kişilik

İçindekiler

2 yemek kaşığı rafine bitkisel yağ

½ çay kaşığı hardal tohumu

1 büyük soğan, ince doğranmış

400g/14oz dondurulmuş, karışık sebzeler

½ çay kaşığı zerdeçal

Tatmak için tuz

Baharat karışımı için:

2,5 cm/1 inç kök zencefil

8 diş sarımsak

2 karanfil

2,5 cm/1 inç tarçın

1 çay kaşığı çemen otu tohumu

3 yeşil biber

4 yemek kaşığı taze hindistan cevizi, rendelenmiş

10 kaju fıstığı

Yöntem

- Baharat karışımının tüm malzemelerini birlikte öğütün. Bir kenara koyun.

- Yağı bir tencerede ısıtın. Hardal tohumlarını ekleyin. 15 saniye boyunca tükürmelerine izin verin. Soğanı ekleyin ve kahverengi olana kadar kızartın.

- Kalan malzemeleri ve öğütülmüş baharat karışımını ekleyin. İyice karıştırın. 8-10 dakika kısık ateşte pişirin. Sıcak servis yapın.

Kaddu Bhaji*

(Kuru Kırmızı Kabak)

4 kişilik

İçindekiler

3 yemek kaşığı rafine bitkisel yağ

½ çay kaşığı kimyon tohumu

¼ çay kaşığı çemen otu tohumu

600g/1lb 5oz kabak, ince dilimlenmiş

Tatmak için tuz

½ çay kaşığı kavrulmuş öğütülmüş kimyon

½ çay kaşığı biber tozu

¼ çay kaşığı zerdeçal

1 çay kaşığı amchoor*

1 çay kaşığı şeker

Yöntem

- Yağı bir tencerede ısıtın. Kimyon ve çemen otu tohumlarını ekleyin. 15 saniye boyunca tükürmelerine izin verin. Balkabağını ve tuzu ekleyin. İyice karıştırın. Kapağını kapatıp orta ateşte 8 dakika pişirin.

- Kapağını açın ve kaşığın tersiyle hafifçe ezin. Kalan malzemeleri ekleyin. İyice karıştırın. 5 dakika pişirin. Sıcak servis yapın.

Muthia nu Shak

(Soslu Çemen Otu Köfte)

4 kişilik

İçindekiler

200g/7oz taze çemen otu yaprağı, ince doğranmış

Tatmak için tuz

125g/4½oz kepekli un

125g/4½oz fasulye*

2 yeşil biber, ince doğranmış

1 çay kaşığı zencefil ezmesi

3 çay kaşığı şeker

1 limonun suyu

½ çay kaşığı garam masala

½ çay kaşığı zerdeçal

Bir tutam karbonat soda

3 yemek kaşığı rafine bitkisel yağ

½ çay kaşığı ajowan tohumu

½ çay kaşığı hardal tohumu

Bir tutam asafoetida

250 ml/8 fl oz su

Yöntem

- Çemen otu yapraklarını tuzla karıştırın. 10 dakika bekletin. Nemi sıkın.

- Çemen otu yapraklarını un, besan, yeşil biber, zencefil ezmesi, şeker, limon suyu, garam masala, zerdeçal ve bikarbonat soda ile karıştırın. Yumuşak bir hamur haline gelinceye kadar yoğurun.

- Hamuru ceviz büyüklüğünde 30 parçaya bölün. Muthiaları oluşturmak için hafifçe düzleştirin. Bir kenara koyun.

- Yağı bir tencerede ısıtın. Ajowan tohumlarını, hardal tohumlarını ve asafoetida'yı ekleyin. 15 saniye boyunca tükürmelerine izin verin.

- Muthiaları ve suyu ekleyin.

- Bir kapakla örtün ve 10-15 dakika pişirin. Sıcak servis yapın.

Balkabağı Kuşu

(Mercimek Körili Balkabağı)

4 kişilik

İçindekiler

50g/1¾oz taze hindistan cevizi, rendelenmiş

1 çay kaşığı kimyon tohumu

2 kırmızı biber

150g/5½oz mung dhal*_30 dakika kadar suda bekletilip süzülür

2 yemek kaşığı chana dhal*_

Tatmak için tuz

500 ml/16 fl oz su

2 yemek kaşığı rafine bitkisel yağ

250g/9oz kabak, doğranmış

¼ çay kaşığı zerdeçal

Yöntem

- Hindistan cevizini, kimyon tohumlarını ve kırmızı biberleri macun haline gelinceye kadar öğütün. Bir kenara koyun.

- Dhalları tuz ve suyla karıştırın. Bu karışımı bir tencerede orta ateşte 40 dakika kadar pişirin. Bir kenara koyun.

- Yağı bir tencerede ısıtın. Kabak, zerdeçal, haşlanmış dhals ve hindistancevizi ezmesini ekleyin. İyice karıştırın. 10 dakika kaynatın. Sıcak servis yapın.

Rassa

(Soslu Karnabahar ve Bezelye)

4 kişilik

İçindekiler

2 yemek kaşığı rafine bitkisel yağ artı derin kızartma için ekstra

250g/9oz karnabahar çiçeği

2 yemek kaşığı taze hindistan cevizi, rendelenmiş

1 cm/½ inç kök zencefil, ezilmiş

4-5 yeşil biber, uzunlamasına kesilmiş

2-3 adet ince doğranmış domates

400g/14oz dondurulmuş bezelye

1 çay kaşığı şeker

Tatmak için tuz

Yöntem

- Derin kızartmak için yağı bir tencerede ısıtın. Karnabaharı ekleyin. Altın kahverengi olana kadar orta ateşte derin kızartın. Drenaj yapın ve bir kenara koyun.

- Hindistan cevizini, zencefili, yeşil biberleri ve domatesleri öğütün. Bir tencerede 2 yemek kaşığı yağı ısıtın. Bu salçayı ekleyip 1-2 dakika kavurun.

- Karnabaharı ve kalan malzemeleri ekleyin. İyice karıştırın. 4-5 dakika kısık ateşte pişirin. Sıcak servis yapın.

Doodhi Manpasand

(Soslu Şişe Kabak)

4 kişilik

İçindekiler

3 yemek kaşığı rafine bitkisel yağ

3 adet kurutulmuş kırmızı biber

1 büyük soğan, ince doğranmış

500g/1lb 2oz şişe kabak*, doğranmış

¼ çay kaşığı zerdeçal

2 çay kaşığı öğütülmüş kişniş

1 çay kaşığı öğütülmüş kimyon

½ çay kaşığı biber tozu

½ çay kaşığı garam masala

2,5 cm/1 inç kök zencefil, ince doğranmış

2 domates, ince doğranmış

1 yeşil biber, çekirdeği çıkarılmış, çekirdeği çıkarılmış ve ince doğranmış

Tatmak için tuz

2 çay kaşığı kişniş yaprağı, ince doğranmış

Yöntem

- Yağı bir tencerede ısıtın. Kırmızı biber ve soğanı 2 dakika kavurun.
- Kişniş yaprakları hariç kalan malzemeleri ekleyin. İyice karıştırın. 5-7 dakika kısık ateşte pişirin. Kişniş yapraklarıyla süsleyin. Sıcak servis yapın.

Domates Chokha

(Domates Komposto)

4 kişilik

İçindekiler

6 büyük domates

2 yemek kaşığı rafine bitkisel yağ

1 büyük soğan, ince doğranmış

8 diş sarımsak, ince doğranmış

1 yeşil biber, ince doğranmış

½ çay kaşığı biber tozu

10g/¼oz kişniş yaprağı, ince doğranmış

Tatmak için tuz

Yöntem

- Domatesleri 10 dakika kadar ızgarada pişirin. Soyun ve hamur haline gelene kadar ezin. Bir kenara koyun.
- Yağı bir tencerede ısıtın. Soğanı, sarımsağı ve yeşil biberi ekleyin. 2-3 dakika kızartın. Kalan malzemeleri ve domates posasını ekleyin. İyice karıştırın. Kapağını kapatıp 5-6 dakika pişirin. Sıcak servis yapın.

Baingan Chokha

(Patlıcan Kompostosu)

4 kişilik

İçindekiler

1 büyük patlıcan

2 yemek kaşığı rafine bitkisel yağ

1 küçük soğan, doğranmış

8 diş sarımsak, ince doğranmış

1 yeşil biber, ince doğranmış

1 domates, ince doğranmış

60g/2oz mısır taneleri, haşlanmış

10g/¼oz kişniş yaprağı, ince doğranmış

Tatmak için tuz

Yöntem

- Patlıcanların her tarafını çatalla delin. 10-15 dakika ızgara yapın. Soyun ve hamur haline gelene kadar ezin. Bir kenara koyun.

- Yağı bir tencerede ısıtın. Soğanı, sarımsağı ve yeşil biberi ekleyin. Bunları orta ateşte 5 dakika kızartın.

- Kalan malzemeleri ve patlıcan posasını ekleyin. İyice karıştırın. 3-4 dakika pişirin. Sıcak servis yapın.

Karnabahar ve Bezelye Köri

4 kişilik

İçindekiler

3 yemek kaşığı rafine bitkisel yağ

¼ çay kaşığı zerdeçal

3 yeşil biber, uzunlamasına kesilmiş

1 çay kaşığı öğütülmüş kişniş

2,5 cm/1 inç kök zencefil, rendelenmiş

250g/9oz karnabahar çiçeği

400g/14oz taze yeşil bezelye

60 ml/2 fl oz su

Tatmak için tuz

1 yemek kaşığı kişniş yaprağı, ince doğranmış

Yöntem

- Yağı bir tencerede ısıtın. Zerdeçal, yeşil biber, öğütülmüş kişniş ve zencefili ekleyin. Bir dakika boyunca orta ateşte kızartın.

- Kişniş yaprakları hariç kalan malzemeleri ekleyin. İyice karıştırın. 10 dakika kaynatın.

- Kişniş yapraklarıyla süsleyin. Sıcak servis yapın.

Aloo Methi ki Sabzi

(Patates ve Çemen Otu Körisi)

4 kişilik

İçindekiler

100g/3½oz çemen otu yaprağı, doğranmış

Tatmak için tuz

4 yemek kaşığı rafine bitkisel yağ

1 çay kaşığı kimyon tohumu

5-6 yeşil biber

¼ çay kaşığı zerdeçal

Bir tutam asafoetida

6 büyük patates, haşlanmış ve doğranmış

Yöntem

- Çemen otu yapraklarını tuzla karıştırın. 10 dakika bekletin.

- Yağı bir tencerede ısıtın. Kimyon tohumlarını, biberleri ve zerdeçalı ekleyin. 15 saniye boyunca tükürmelerine izin verin.

- Kalan malzemeleri ve çemen otu yapraklarını ekleyin. İyice karıştırın. 8-10 dakika kısık ateşte pişirin. Sıcak servis yapın.

Tatlı ve Ekşi Karela

4 kişilik

İçindekiler

500g/1lb 2oz acı su kabakları*

Tatmak için tuz

750ml/1¼ pint su

1 cm/½ inç kök zencefil

10 diş sarımsak

4 büyük soğan, doğranmış

4 yemek kaşığı rafine bitkisel yağ

Bir tutam asafoetida

½ çay kaşığı zerdeçal

1 çay kaşığı öğütülmüş kişniş

1 çay kaşığı öğütülmüş kimyon

1 çay kaşığı demirhindi ezmesi

2 yemek kaşığı pekmez*, rendelenmiş

Yöntem

- Acı kabakların kabuklarını soyun. Dilimleyip tuzlu suda 1 saat bekletin. Fazla suyunu durulayın ve sıkın. Yıkayın ve bir kenara koyun.

- Zencefil, sarımsak ve soğanı macun kıvamına gelene kadar öğütün. Bir kenara koyun.

- Yağı bir tencerede ısıtın. Asafoetida'yı ekleyin. 15 saniye boyunca dağılmasına izin verin. Zencefil-soğan ezmesini ve kalan malzemeleri ekleyin. İyice karıştırın. 3-4 dakika kızartın. Acı kabakları ekleyin. İyice karıştırın. Kapağını kapatıp kısık ateşte 8-10 dakika pişirin. Sıcak servis yapın.

Karela Koşimbir

(Çıtır Ezilmiş Acı Kabak)

4 kişilik

İçindekiler

500g/1lb 2oz acı su kabakları*, soyulmuş

Tatmak için tuz

Kızartma için rafine bitkisel yağ

2 orta boy soğan, doğranmış

50g/1¾oz kişniş yaprağı, doğranmış

3 yeşil biber, ince doğranmış

½ taze hindistan cevizi, rendelenmiş

1 yemek kaşığı limon suyu

Yöntem

- Acı kabakları dilimleyin. Üzerlerine tuz sürün ve 2-3 saat bekletin.
- Yağı bir tencerede ısıtın. Acı kabakları ekleyin ve orta ateşte kahverengi ve gevrek olana kadar kızartın. Süzün, biraz soğutun ve parmaklarınızla ezin.
- Geri kalan malzemeleri bir kapta karıştırın. Kabakları ekleyip henüz sıcakken servis yapın.

Karela Köri

(Acı Kabak Köri)

4 kişilik

İçindekiler

½ Hindistan cevizi

2 kırmızı biber

1 çay kaşığı kimyon tohumu

3 yemek kaşığı rafine bitkisel yağ

1 tutam asafoetida

2 büyük soğan, ince doğranmış

2 yeşil biber, ince doğranmış

Tatmak için tuz

½ çay kaşığı zerdeçal

500g/1lb 2oz acı su kabakları*soyulmuş ve doğranmış

2 domates, ince doğranmış

Yöntem

- Hindistan cevizinin yarısını rendeleyin ve geri kalanını doğrayın. Bir kenara koyun.

- Kuru kızartma (bkz.<u>pişirme teknikleri</u>) rendelenmiş hindistan cevizi, kırmızı biber ve kimyon tohumu. Soğutun ve birlikte ince bir macun haline gelinceye kadar öğütün. Bir kenara koyun.

- Yağı bir tavada ısıtın. Asafoetida'yı, soğanı, yeşil biberi, tuzu, zerdeçalı ve doğranmış hindistan cevizini ekleyin. Sık sık karıştırarak 3 dakika kızartın.

- Acı kabakları ve domatesleri ekleyin. 3-4 dakika pişirin.

- Öğütülmüş hindistan cevizi ezmesini ekleyin. 5-7 dakika pişirip sıcak olarak servis yapın.

Biberli Karnabahar

4 kişilik

İçindekiler

3 yemek kaşığı rafine bitkisel yağ

5 cm/2 inç kök zencefil, ince doğranmış

12 diş sarımsak, ince doğranmış

1 karnabahar, çiçeklerine ayrılmış

5 kırmızı biber, dörde bölünmüş ve çekirdekleri çıkarılmış

6 adet taze soğan, ikiye bölünmüş

3 domates, beyazlatılmış ve doğranmış

Tatmak için tuz

Yöntem

- Yağı bir tencerede ısıtın. Zencefil ve sarımsağı ekleyin. Bir dakika boyunca orta ateşte kızartın.
- Karnabaharı ve kırmızı biberi ekleyin. 5 dakika karıştırarak kızartın.
- Kalan malzemeleri ekleyin. İyice karıştırın. 7-8 dakika kısık ateşte pişirin. Sıcak servis yapın.

Fındıklı Köri

4 kişilik

İçindekiler

4 yemek kaşığı tereyağı

10g/¼oz kaju fıstığı

10g/¼oz badem, beyazlatılmış

10-12 fıstık

5-6 kuru üzüm

10 fıstık

10 ceviz, doğranmış

2,5 cm/1 inç kök zencefil, rendelenmiş

6 diş sarımsak, ezilmiş

4 küçük soğan, ince doğranmış

4 domates, ince doğranmış

4 hurma, çekirdekleri çıkarılmış ve dilimlenmiş

½ çay kaşığı zerdeçal

125g/4½oz hoya*

1 çay kaşığı garam masala

Tatmak için tuz

75g/2½ Çedar peyniri, rendelenmiş

1 yemek kaşığı kişniş yaprağı, doğranmış

Yöntem

- Yağı bir tavada ısıtın. Bütün fındıkları ekleyip orta ateşte altın rengi oluncaya kadar kavurun. Drenaj yapın ve bir kenara koyun.

- Aynı yağda zencefili, sarımsağı ve soğanı kahverengileşinceye kadar kızartın.

- Kızartılmış fındıkları ve peynir ve kişniş yaprakları hariç kalan tüm malzemeleri ekleyin. Bir kapakla örtün. 5 dakika kısık ateşte pişirin.

- Peynir ve kişniş yapraklarıyla süsleyin. Sıcak servis yapın.

Daikon Bhaaji'den Ayrılıyor

4 kişilik

İçindekiler

2 yemek kaşığı rafine bitkisel yağ

¼ çay kaşığı öğütülmüş kimyon

2 kırmızı biber, parçalara ayrılmış

Bir tutam asafoetida

400g/14oz daikon yaprağı*, doğranmış

300g/10oz chana dhal*1 saat suda bekletildi

1 çay kaşığı pekmez*, rendelenmiş

¼ çay kaşığı zerdeçal

Tatmak için tuz

Yöntem

- Yağı bir tencerede ısıtın. Kimyonu, kırmızı biberi ve asafoetidayı ekleyin.
- 15 saniye boyunca tükürmelerine izin verin. Kalan malzemeleri ekleyin. İyice karıştırın. 10-15 dakika kısık ateşte pişirin. Sıcak servis yapın.

Chhole Aloo

(Nohut ve Patates Köri)

4 kişilik

İçindekiler

500g/1lb 2oz nohut, gece boyunca ıslatılmış

Bir tutam karbonat soda

Tatmak için tuz

1 litre/1¾ pint su

3 yemek kaşığı tereyağı

2,5 cm/1 inç kök zencefil, jülyen doğranmış

2 büyük soğan (rendelenmiş) ve 1 küçük soğan (dilimlenmiş)

2 domates, doğranmış

1 çay kaşığı garam masala

1 çay kaşığı öğütülmüş kimyon, kuru kavrulmuş (bkz. pişirme teknikleri)

½ çay kaşığı öğütülmüş yeşil kakule

½ çay kaşığı zerdeçal

2 büyük patates, haşlanmış ve doğranmış

2 çay kaşığı demirhindi ezmesi

1 yemek kaşığı kişniş yaprağı, doğranmış

Yöntem

- Nohutları bikarbonat soda, tuz ve suyla bir tencerede orta ateşte 45 dakika pişirin. Drenaj yapın ve bir kenara koyun.

- Yağı bir tencerede ısıtın. Zencefil ve rendelenmiş soğanı ekleyin. Yarı saydam olana kadar kızartın. Kişniş yaprakları ve dilimlenmiş soğan dışında kalan malzemeleri ekleyin. İyice karıştırın. Nohutları ekleyip 7-8 dakika pişirin.

- Kişniş yaprakları ve dilimlenmiş soğanla süsleyin. Sıcak servis yapın.

Fıstıklı Köri

4 kişilik

İçindekiler

1 çay kaşığı haşhaş tohumu

1 çay kaşığı kişniş tohumu

1 çay kaşığı kimyon tohumu

2 kırmızı biber

25g/yetersiz 1oz taze hindistan cevizi, rendelenmiş

3 yemek kaşığı tereyağı

2 küçük soğan, rendelenmiş

900g/2lb fıstık, dövülmüş

1 çay kaşığı amchoor*

½ çay kaşığı zerdeçal

1 büyük domates, beyazlatılmış ve doğranmış

2 çay kaşığı pekmez*, rendelenmiş

500 ml/16 fl oz su

Tatmak için tuz

15 gr/½ oz kişniş yaprağı, doğranmış

Yöntem

- Haşhaş tohumlarını, kişniş tohumlarını, kimyon tohumlarını, kırmızı biberleri ve hindistancevizini ince bir macun haline gelinceye kadar öğütün. Bir kenara koyun.

- Yağı bir tencerede ısıtın. Soğanları ekleyin. Yarı saydam olana kadar kızartın.

- Öğütülmüş macunu ve kişniş yaprakları hariç kalan malzemeleri ekleyin. İyice karıştırın. 7-8 dakika kaynatın.

- Kişniş yapraklarıyla süsleyin. Sıcak servis yapın.

Fransız Fasulyesi Upkari

(Hindistan Cevizli Fransız Fasulyesi)

4 kişilik

İçindekiler

1 yemek kaşığı rafine bitkisel yağ

½ çay kaşığı hardal tohumu

½ çay kaşığı urad dhal*

2-3 kırmızı biber, kırık

500g/1lb 2oz Fransız fasulyesi, doğranmış

1 çay kaşığı pekmez*, rendelenmiş

Tatmak için tuz

25g/yetersiz 1oz taze hindistan cevizi, rendelenmiş

Yöntem

- Yağı bir tencerede ısıtın. Hardal tohumlarını ekleyin. 15 saniye boyunca tükürmelerine izin verin.
- Dhal'ı ekleyin. Altın kahverengi olana kadar kızartın. Hindistan cevizi hariç kalan malzemeleri ekleyin. İyice karıştırın. 8-10 dakika kısık ateşte pişirin.
- Hindistan ceviziyle süsleyin. Sıcak servis yapın.

Karatey Ambadey

(Acı Kabak ve Olgunlaşmamış Mango Köri)

4 kişilik

İçindekiler

250g/9oz acı kabak*, dilimlenmiş

Tatmak için tuz

60g/2oz jaggery*, rendelenmiş

1 çay kaşığı rafine bitkisel yağ

4 adet kuru kırmızı biber

1 çay kaşığı urad dhal*

1 çay kaşığı çemen otu tohumu

2 çay kaşığı kişniş tohumu

50g/1¾oz taze hindistan cevizi, rendelenmiş

¼ çay kaşığı zerdeçal

4 küçük olgunlaşmamış mango

Yöntem

- Acı kabak parçalarını tuzla ovalayın. Bir saatliğine bir kenara koyun.

- Kabak parçalarının suyunu sıkın. Bunları bir tencerede, jaggery ile orta ateşte 4-5 dakika pişirin. Bir kenara koyun.

- Yağı bir tencerede ısıtın. Kırmızı biber, dhal, çemen otu ve kişniş tohumlarını ekleyin. Bir dakika kızartın. Acı kabağı ve kalan malzemeleri ekleyin. İyice karıştırın. 4-5 dakika kısık ateşte pişirin. Sıcak servis yapın.

Kadhai Paneer

(Baharatlı Paneer)

4 kişilik

İçindekiler

2 yemek kaşığı rafine bitkisel yağ

1 büyük soğan, dilimlenmiş

3 büyük yeşil biber, ince doğranmış

500g/1lb 2oz panel*2,5 cm/1 inçlik parçalar halinde doğranmış

1 domates, ince doğranmış

¼ çay kaşığı öğütülmüş kişniş, kuru kavrulmuş (bkz.pişirme teknikleri)

Tatmak için tuz

10g/¼oz kişniş yaprağı, doğranmış

Yöntem

- Yağı bir tencerede ısıtın. Soğanı ve biberi ekleyin. Orta ateşte 2-3 dakika kızartın.

- Kişniş yaprakları hariç kalan malzemeleri ekleyin. İyice karıştırın. 5 dakika kısık ateşte pişirin. Kişniş yapraklarıyla süsleyin. Sıcak servis yapın.

Kathirikkai Vangi

(Güney Hindistan Patlıcan Körisi)

4 kişilik

İçindekiler

150g/5½oz masur yağı[*]

Tatmak için tuz

¼ çay kaşığı zerdeçal

500 ml/16 fl oz su

250 gr/9 oz ince patlıcan, dilimlenmiş

1 çay kaşığı rafine bitkisel yağ

¼ çay kaşığı hardal tohumu

1 çay kaşığı demirhindi ezmesi

8-10 köri yaprağı

1 çay kaşığı sambhar tozu[*]

Yöntem

- Masoor dhal'ı tuz, bir tutam zerdeçal ve suyun yarısıyla karıştırın. Bir tencerede orta ateşte 40 dakika kadar pişirin. Bir kenara koyun.

- Patlıcanları tuz ve kalan zerdeçal ve suyla başka bir tencerede orta ateşte 20 dakika pişirin. Bir kenara koyun.

- Yağı bir tencerede ısıtın. Hardal tohumlarını ekleyin. 15 saniye boyunca tükürmelerine izin verin. Kalan malzemeleri, dhal'ı ve patlıcanı ekleyin. İyice karıştırın. 6-7 dakika kaynatın. Sıcak servis yapın.

Pitla

(Baharatlı Gram Unlu Köri)

4 kişilik

İçindekiler

250g/9oz fasulye*

500 ml/16 fl oz su

2 yemek kaşığı rafine bitkisel yağ

¼ çay kaşığı hardal tohumu

2 büyük soğan, ince doğranmış

6 diş sarımsak, ezilmiş

2 yemek kaşığı demirhindi ezmesi

1 çay kaşığı garam masala

Tatmak için tuz

1 yemek kaşığı kişniş yaprağı, doğranmış

Yöntem

- Besanı ve suyu karıştırın. Bir kenara koyun.
- Yağı bir tencerede ısıtın. Hardal tohumlarını ekleyin. 15 saniye boyunca tükürmelerine izin verin. Soğanları ve sarımsakları ekleyin. Soğanlar kahverengi olana kadar kızartın.
- Besan ezmesini ekleyin. Kaynamaya başlayıncaya kadar kısık ateşte pişirin.
- Kalan malzemeleri ekleyin. 5 dakika kaynatın. Sıcak servis yapın.

Karnabahar Masalası

4 kişilik

İçindekiler

1 büyük karnabahar, yarı haşlanmış (bkz.pişirme teknikleri) tuzlu suda

3 yemek kaşığı rafine bitkisel yağ

2 yemek kaşığı kişniş yaprağı, ince doğranmış

1 çay kaşığı öğütülmüş kişniş

½ çay kaşığı öğütülmüş kimyon

¼ çay kaşığı öğütülmüş zencefil

Tatmak için tuz

120 ml/4 fl oz su

Sosu için:

200g/7oz yoğurt

1 yemek kaşığı besan*, kuru kavrulmuş (bkz.pişirme teknikleri)

¾ çay kaşığı biber tozu

Yöntem

- Karnabaharı süzün ve çiçeklerine ayırın.
- Bir tavada 2 yemek kaşığı yağı ısıtın. Karnabaharı ekleyin ve orta ateşte altın rengi oluncaya kadar kızartın. Bir kenara koyun.
- Sos malzemelerinin tamamını birlikte karıştırın.
- 1 yemek kaşığı yağı bir tencerede ısıtın ve bu karışımı ekleyin. Bir dakika kızartın.
- Bir kapakla örtün ve 8-10 dakika pişirin.
- Karnabaharı ekleyin. İyice karıştırın. 5 dakika kaynatın.
- Kişniş yapraklarıyla süsleyin. Sıcak servis yapın.

Shukna Kacha Pepe

(Yeşil Papaya Köri)

4 kişilik

İçindekiler

150g/5½oz chana dhal*gece boyunca ıslatılır, süzülür ve macun haline gelinceye kadar öğütülür

3 yemek kaşığı rafine bitkisel yağ artı derin kızartma için

2 bütün kuru kırmızı biber

½ çay kaşığı çemen otu tohumu

½ çay kaşığı hardal tohumu

1 olgunlaşmamış papaya, soyulmuş ve rendelenmiş

1 çay kaşığı zerdeçal

1 yemek kaşığı şeker

Tatmak için tuz

Yöntem

- Dhal ezmesini ceviz büyüklüğünde toplara bölün. İnce diskler halinde düzleştirin.

- Derin kızartmak için yağı bir tavada ısıtın. Diskleri ekleyin. Altın kahverengi olana kadar orta ateşte derin kızartın. Süzün ve küçük parçalara bölün. Bir kenara koyun.

- Kalan yağı bir tencerede ısıtın. Biber, çemen otu ve hardal tohumlarını ekleyin. 15 saniye boyunca tükürmelerine izin verin.

- Kalan malzemeleri ekleyin. İyice karıştırın. Kapağını kapatıp kısık ateşte 8-10 dakika pişirin. Dhal parçalarını ekleyin. İyice karıştırıp servis yapın.

Kuru Bamya

4 kişilik

İçindekiler

3 yemek kaşığı hardal yağı

½ çay kaşığı kalonji tohumu*

750g/1lb 10oz bamya, uzunlamasına yarık

Tatmak için tuz

½ çay kaşığı biber tozu

½ çay kaşığı zerdeçal

2 çay kaşığı şeker

3 çay kaşığı öğütülmüş hardal

1 yemek kaşığı demirhindi ezmesi

Yöntem

- Yağı bir tencerede ısıtın. Soğan çekirdeklerini ve bamyayı 5 dakika kadar kavurun.
- Tuz, toz biber, zerdeçal ve şekeri ekleyin. Bir kapakla örtün. 10 dakika kadar kısık ateşte pişirin.
- Kalan malzemeleri ekleyin. İyice karıştırın. 2-3 dakika pişirin. Sıcak servis yapın.

Moghlai Karnabahar

4 kişilik

İçindekiler

5 cm/2 inç kök zencefil

2 çay kaşığı kimyon tohumu

6-7 adet karabiber

500g/1lb 2oz karnabahar çiçeği

Tatmak için tuz

2 yemek kaşığı tereyağı

2 adet defne yaprağı

200g/7oz yoğurt

500 ml/16 fl oz hindistan cevizi sütü

1 çay kaşığı şeker

Yöntem

- Zencefil, kimyon tohumu ve karabiberi ince bir macun haline gelinceye kadar öğütün.
- Karnabahar çiçeklerini bu salça ve tuzla 20 dakika marine edin.
- Yağı bir tavada ısıtın. Çiçekleri ekleyin. Altın kahverengi olana kadar kızartın. Kalan malzemeleri ekleyin. İyice karıştırın. Kapağını kapatıp 7-8 dakika pişirin. Sıcak servis yapın.

Bhapa Şorşe Baingan

(Hardal Soslu Patlıcan)

4 kişilik

İçindekiler

2 adet uzun patlıcan

Tatmak için tuz

¼ çay kaşığı zerdeçal

3 yemek kaşığı rafine bitkisel yağ

3 yemek kaşığı hardal yağı

2-3 yemek kaşığı hazır hardal

1 yemek kaşığı kişniş yaprağı, ince doğranmış

1-2 yeşil biber, ince doğranmış

Yöntem

- Her patlıcanı uzunlamasına 8-12 parçaya dilimleyin. Tuz ve zerdeçal ile 5 dakika marine edin.

- Yağı bir tencerede ısıtın. Patlıcan dilimlerini ekleyip kapağını kapatın. Orta ateşte ara sıra çevirerek 3-4 dakika pişirin.

- Hardal yağını hazır hardalla çırpın ve patlıcanlara ekleyin. İyice karıştırın. Bir dakika boyunca orta ateşte pişirin.

- Kişniş yaprakları ve yeşil biberle süsleyin. Sıcak servis yapın.

Baharatlı Soslu Fırında Sebzeler

 4 kişilik

İçindekiler

2 yemek kaşığı tereyağı

4 diş sarımsak, ince doğranmış

1 büyük soğan, ince doğranmış

1 yemek kaşığı sade beyaz un

200g/7oz dondurulmuş karışık sebzeler

Tatmak için tuz

1 çay kaşığı biber tozu

1 çay kaşığı hardal ezmesi

250ml/8fl oz ketçap

4 büyük patates, haşlanmış ve dilimlenmiş

250 ml/8 fl oz beyaz sos

4 yemek kaşığı rendelenmiş kaşar peyniri

Yöntem

- Tereyağını bir tencerede ısıtın. Sarımsak ve soğanı ekleyin. Yarı saydam olana kadar kızartın. Unu ekleyip bir dakika kadar kavurun.

- Sebzeleri, tuzu, toz biberi, hardal ezmesini ve ketçapı ekleyin. Orta ateşte 4-5 dakika pişirin. Bir kenara koyun.

- Bir fırın kabını yağlayın. Sebze karışımını ve patatesleri dönüşümlü katmanlar halinde düzenleyin. Üzerine beyaz sos ve peyniri dökün.

- 200°C'deki (400°F, Gas Mark 6) fırında 20 dakika pişirin. Sıcak servis yapın.

Lezzetli Tofu

4 kişilik

İçindekiler

2 yemek kaşığı rafine bitkisel yağ

3 küçük soğan, rendelenmiş

1 çay kaşığı zencefil ezmesi

1 çay kaşığı sarımsak ezmesi

3 domates, püre

50g/1¾oz Yunan yoğurdu, çırpılmış

400 g/14 oz tofu, 2,5 cm/1 inçlik parçalar halinde doğranmış

25g/yetersiz 1oz kişniş yaprağı, ince doğranmış

Tatmak için tuz

Yöntem

- Yağı bir tencerede ısıtın. Soğanı, zencefil ezmesini ve sarımsak ezmesini ekleyin. Orta ateşte 5 dakika karıştırarak kavurun.

- Kalan malzemeleri ekleyin. İyice karıştırın. 3-4 dakika kaynatın. Sıcak servis yapın.

Aloo Baingan

(Patatesli ve Patlıcanlı Köri)

4 kişilik

İçindekiler

3 yemek kaşığı rafine bitkisel yağ

1 çay kaşığı hardal tohumu

½ çay kaşığı asafoetida

1 cm/½ inç kök zencefil, ince doğranmış

4 yeşil biber, uzunlamasına kesilmiş

10 diş sarımsak, ince doğranmış

6 köri yaprağı

½ çay kaşığı zerdeçal

3 büyük patates, haşlanmış ve doğranmış

250 gr patlıcan, doğranmış

½ çay kaşığı amchoor*

Tatmak için tuz

Yöntem

- Yağı bir tencerede ısıtın. Hardal tohumlarını ve asafoetida'yı ekleyin. 15 saniye boyunca tükürmelerine izin verin.

- Zencefil, yeşil biber, sarımsak ve köri yapraklarını ekleyin. Sürekli karıştırarak 1 dakika kızartın.

- Kalan malzemeleri ekleyin. İyice karıştırın. Bir kapakla örtün ve 10-12 dakika pişirin. Sıcak servis yapın.

Şekerli Bezelye Körili

4 kişilik

İçindekiler

500g/1lb 2oz şekerli bezelye

2 yemek kaşığı rafine bitkisel yağ

1 çay kaşığı zencefil ezmesi

1 büyük soğan, ince doğranmış

2 büyük patates, soyulmuş ve doğranmış

½ çay kaşığı zerdeçal

½ çay kaşığı garam masala

½ çay kaşığı biber tozu

1 çay kaşığı şeker

2 büyük domates, doğranmış

Tatmak için tuz

Yöntem

- Bezelye kabuklarının kenarlarındaki ipleri soyun. Baklaları doğrayın. Bir kenara koyun.

- Yağı bir tencerede ısıtın. Zencefil ezmesini ve soğanı ekleyin. Yarı saydam olana kadar kızartın. Kalan malzemeleri ve baklaları ekleyin. İyice karıştırın.

Kapağını kapatıp kısık ateşte 7-8 dakika pişirin. Sıcak servis yapın.

Patatesli Kabak Körili

4 kişilik

İçindekiler

2 yemek kaşığı rafine bitkisel yağ

1 çay kaşığı panç phoron*

Bir tutam asafoetida

1 adet kurutulmuş kırmızı biber, parçalara ayrılmış

1 defne yaprağı

4 büyük patates, doğranmış

200g/7oz kabak, doğranmış

½ çay kaşığı zencefil ezmesi

½ çay kaşığı sarımsak ezmesi

1 çay kaşığı öğütülmüş kimyon

1 çay kaşığı öğütülmüş kişniş

¼ çay kaşığı zerdeçal

½ çay kaşığı garam masala

1 çay kaşığı amchoor*

500 ml/16 fl oz su

Tatmak için tuz

Yöntem

- Yağı bir tencerede ısıtın. Panch phoron'u ekleyin. 15 saniye boyunca tükürmelerine izin verin.
- Asafoetida'yı, kırmızı biber parçalarını ve defne yaprağını ekleyin. Bir dakika kızartın.
- Kalan malzemeleri ekleyin. İyice karıştırın. 10-12 dakika kaynatın. Sıcak servis yapın.

Yumurta Thoran

(Baharatlı Çırpılmış Yumurta)

4 kişilik

İçindekiler

60ml/2fl oz rafine bitkisel yağ

¼ çay kaşığı hardal tohumu

2 soğan, ince doğranmış

1 büyük domates, ince doğranmış

1 çay kaşığı taze çekilmiş karabiber

Tatmak için tuz

4 yumurta, çırpılmış

25g/yetersiz 1oz taze hindistan cevizi, rendelenmiş

50g/1¾oz kişniş yaprağı, doğranmış

Yöntem

- Yağı bir tencerede ısıtın ve hardal tohumlarını kızartın. 15 saniye boyunca tükürmelerine izin verin. Soğanları ekleyin ve kahverengi olana kadar kızartın. Domatesi, biberi ve tuzu ekleyin. 2-3 dakika kızartın.

- Yumurtaları ekleyin. Kısık ateşte sürekli karıştırarak pişirin.

- Hindistan cevizi ve kişniş yapraklarıyla süsleyin. Sıcak servis yapın.

Baingan Lajavab

(Karnabaharlı Patlıcan)

4 kişilik

İçindekiler

4 adet büyük patlıcan

2 yemek kaşığı rafine bitkisel yağ artı derin kızartma için ekstra

1 çay kaşığı kimyon tohumu

½ çay kaşığı zerdeçal

2,5 cm/1 inç zencefil kökü, öğütülmüş

2 yeşil biber, ince doğranmış

1 çay kaşığı amchoor*

Tatmak için tuz

100g/3½oz dondurulmuş bezelye

Yöntem

- Her patlıcanı uzunlamasına kesip içini çıkarın.
- Yağı ısıt. Patlıcan kabuklarını ekleyin. 2 dakika kadar derin kızartın. Bir kenara koyun.
- Bir tencerede 2 yemek kaşığı yağı ısıtın. Kimyon tohumlarını ve zerdeçalı ekleyin. 15 saniye boyunca tükürmelerine izin verin. Kalan malzemeleri ve patlıcan etini ekleyin. Hafifçe ezin ve kısık ateşte 5 dakika pişirin.
- Patlıcan kabuklarını bu karışımla dikkatlice doldurun. 3-4 dakika ızgara yapın. Sıcak servis yapın.

Vejetaryen Bahar

(Ceviz Soslu Sebzeler)

4 kişilik

İçindekiler

3 yemek kaşığı rafine bitkisel yağ

1 büyük soğan, ince doğranmış

2 büyük domates, ince doğranmış

1 çay kaşığı zencefil ezmesi

1 çay kaşığı sarımsak ezmesi

20 kaju fıstığı, öğütülmüş

2 yemek kaşığı ceviz, öğütülmüş

2 yemek kaşığı haşhaş tohumu

200g/7oz yoğurt

100g/3½oz dondurulmuş karışık sebze

1 çay kaşığı garam masala

Tatmak için tuz

Yöntem

- Yağı bir tencerede ısıtın. Soğanı ekleyin. Orta ateşte kahverengileşene kadar kızartın. Domates, zencefil ezmesi, sarımsak ezmesi, kaju fıstığı, ceviz ve haşhaş tohumlarını ekleyin. 3-4 dakika kızartın.

- Kalan malzemeleri ekleyin. 7-8 dakika pişirin. Sıcak servis yapın.

Dolma Sebzeler

4 kişilik

İçindekiler

4 küçük patates

100g/3½oz bamya

4 küçük patlıcan

4 yemek kaşığı rafine bitkisel yağ

½ çay kaşığı hardal tohumu

Bir tutam asafoetida

Dolgu için:

250g/9oz fasulye*

1 çay kaşığı öğütülmüş kişniş

1 çay kaşığı öğütülmüş kimyon

½ çay kaşığı zerdeçal

1 çay kaşığı biber tozu

1 çay kaşığı garam masala

Tatmak için tuz

Yöntem

- Tüm dolgu malzemelerini birlikte karıştırın. Bir kenara koyun.

- Patates, bamya ve patlıcanları dilimleyin. Dolgulu şeyler. Bir kenara koyun.

- Yağı bir tencerede ısıtın. Hardal tohumlarını ve asafoetida'yı ekleyin. 15 saniye boyunca tükürmelerine izin verin. Doldurulmuş sebzeleri ekleyin. Kapağını kapatıp kısık ateşte 8-10 dakika pişirin. Sıcak servis yapın.

Singhi Aloo

(Patatesli Baget)

4 kişilik

İçindekiler

5 yemek kaşığı rafine bitkisel yağ

3 küçük soğan, ince doğranmış

3 yeşil biber, ince doğranmış

2 büyük domates, ince doğranmış

2 çay kaşığı öğütülmüş kişniş

Tatmak için tuz

5 adet Hint baget*7,5 cm/3 inçlik parçalar halinde doğranmış

2 büyük patates, doğranmış

360 ml/12 fl oz su

Yöntem

- Yağı bir tencerede ısıtın. Soğanları ve biberleri ekleyin. Bunları bir dakika kısık ateşte kızartın.
- Domatesleri, öğütülmüş kişnişi ve tuzu ekleyin. 2-3 dakika kızartın.
- Bagetleri, patatesleri ve suyu ekleyin. İyice karıştırın. 10-12 dakika kaynatın. Sıcak servis yapın.

Sindhi Körisi

4 kişilik

İçindekiler

150g/5½oz masur yağı*

Tatmak için tuz

1 litre/1¾ pint su

4 domates, ince doğranmış

5 yemek kaşığı rafine bitkisel yağ

½ çay kaşığı kimyon tohumu

¼ çay kaşığı çemen otu tohumu

8 köri yaprağı

3 yeşil biber, uzunlamasına kesilmiş

¼ çay kaşığı asafoetida

4 yemek kaşığı besan*

½ çay kaşığı biber tozu

½ çay kaşığı zerdeçal

8 bamya, uzunlamasına kesilmiş

10 Fransız fasulyesi, doğranmış

6-7 kokum*

1 büyük havuç, jülyen doğranmış

1 büyük patates, doğranmış

Yöntem

- Dhal'ı tuz ve suyla karıştırın. Bu karışımı bir tencerede orta ateşte ara sıra karıştırarak 45 dakika pişirin.
- Domatesleri ekleyip 7-8 dakika pişirin. Bir kenara koyun.
- Yağı bir tencerede ısıtın. Kimyon ve çemen otu tohumlarını, köri yapraklarını, yeşil biberleri ve asafoetidayı ekleyin. 30 saniye boyunca dağılmalarına izin verin.
- Besan'ı ekleyin. Sürekli karıştırarak bir dakika kızartın.
- Kalan malzemeleri ve dhal karışımını ekleyin. İyice karıştırın. 10 dakika kaynatın. Sıcak servis yapın.

Gülnar Köfta

(Ispanaklı Paneer Topları)

4 kişilik

İçindekiler

150g/5½oz karışık kuru meyveler

200g/7oz hoya[*]

4 büyük patates, haşlanmış ve ezilmiş

150g/5½oz panel[*]ufalanmış

100g/3½oz Çedar peyniri

2 çay kaşığı mısır unu

Derin kızartma için rafine bitkisel yağ

2 çay kaşığı tereyağı

100 gr ıspanak, ince doğranmış

1 çay kaşığı tek krema

Tatmak için tuz

Baharat karışımı için:

2 karanfil

1 cm/½ inç tarçın

3 adet karabiber

Yöntem

- Kuru meyveleri khoya ile karıştırın. Bir kenara koyun.
- Baharat karışımının tüm bileşenlerini birlikte öğütün. Bir kenara koyun.
- Patatesleri, paneer'i, peyniri ve mısır ununu hamur haline getirin. Hamuru ceviz büyüklüğünde bezelere bölüp, yassılaştırın. Her diskin üzerine kuru meyve-khoya karışımından bir miktar koyun ve poşet gibi kapatın.
- Köfteleri hazırlamak için ceviz büyüklüğünde toplar yapın. Bir kenara koyun.
- Yağı bir tavada ısıtın. Köfteleri ekleyip orta ateşte altın rengi oluncaya kadar kızartın. Süzüp servis tabağına alın.
- Tereyağını bir tencerede ısıtın. Öğütülmüş baharat karışımını ekleyin. Bir dakika kızartın.
- Ispanakları ekleyip 2-3 dakika pişirin.
- Kremayı ve tuzu ekleyin. İyice karıştırın. Bu karışımı köftelerin üzerine dökün. Sıcak servis yapın.

Paneer Korma

(Zengin Paneer Körisi)

4 kişilik

İçindekiler

500g/1lb 2oz panel*

3 yemek kaşığı rafine bitkisel yağ

1 büyük soğan, doğranmış

2,5 cm/1 inç kök zencefil, jülyen doğranmış

8 diş sarımsak, ezilmiş

2 yeşil biber, ince doğranmış

1 büyük domates, ince doğranmış

¼ çay kaşığı zerdeçal

½ çay kaşığı öğütülmüş kişniş

½ çay kaşığı öğütülmüş kimyon

1 çay kaşığı biber tozu

½ çay kaşığı garam masala

125g/4½oz yoğurt

Tatmak için tuz

250 ml/8 fl oz su

2 yemek kaşığı kişniş yaprağı, ince doğranmış

Yöntem

- Panenin yarısını rendeleyin ve geri kalanını 2,5 cm/1 inçlik parçalar halinde doğrayın.

- Yağı bir tavada ısıtın. Bölme parçalarını ekleyin. Bunları orta ateşte, altın rengi oluncaya kadar kızartın. Drenaj yapın ve bir kenara koyun.

- Aynı yağda soğanı, zencefili, sarımsağı ve yeşil biberleri orta ateşte 2-3 dakika kavurun.

- Domatesi ekleyin. 2 dakika kızartın.

- Zerdeçal, öğütülmüş kişniş, öğütülmüş kimyon, kırmızı biber tozu ve garam masalayı ekleyin. İyice karıştırın. 2-3 dakika kızartın.

- Yoğurt, tuz ve suyu ekleyin. İyice karıştırın. 8-10 dakika kaynatın.

- Kızartılmış paneer parçalarını ekleyin. İyice karıştırın. 5 dakika kaynatın.

- Rendelenmiş pane ve kişniş yapraklarıyla süsleyin. Sıcak servis yapın.

Hint turşusu patates

4 kişilik

İçindekiler

100g/3½oz kişniş yaprağı, ince doğranmış

4 yeşil biber

2,5 cm/1 inç kök zencefil

7 diş sarımsak

25g/yetersiz 1oz taze hindistan cevizi, rendelenmiş

1 yemek kaşığı limon suyu

1 çay kaşığı kimyon tohumu

1 çay kaşığı kişniş tohumu

½ çay kaşığı zerdeçal

½ çay kaşığı biber tozu

Tatmak için tuz

750g/1lb 10oz büyük patates, soyulmuş ve diskler halinde doğranmış

4 yemek kaşığı rafine bitkisel yağ

¼ çay kaşığı hardal tohumu

Yöntem

- Kişniş yapraklarını, yeşil biberleri, zencefili, sarımsağı, hindistan cevizini, limon suyunu, kimyonu ve kişniş tohumlarını karıştırın. Bu karışımı ince bir macun haline gelinceye kadar öğütün.

- Bu macunu zerdeçal, kırmızı biber tozu ve tuzla karıştırın.

- Patatesleri bu karışımla 30 dakika marine edin.

- Yağı bir tencerede ısıtın. Hardal tohumlarını ekleyin. 15 saniye boyunca tükürmelerine izin verin.

- Patatesleri ekleyin. Bunları ara sıra karıştırarak 8-10 dakika kısık ateşte pişirin. Sıcak servis yapın.

Lobi

(Siyah Gözlü Bezelye Körisi)

4 kişilik

İçindekiler

400g/14oz börülce, gece boyunca ıslatılmış

Bir tutam karbonat soda

Tatmak için tuz

1,4 litre/2½ pint su

1 büyük soğan

4 diş sarımsak

3 yemek kaşığı tereyağı

2 çay kaşığı öğütülmüş kişniş

1 çay kaşığı öğütülmüş kimyon

1 çay kaşığı amchoor*

½ çay kaşığı garam masala

½ çay kaşığı biber tozu

¼ çay kaşığı zerdeçal

2 domates, doğranmış

3 yeşil biber, ince doğranmış

2 yemek kaşığı kişniş yaprağı,

ince doğranmış

Yöntem

- Siyah gözlü bezelyeleri bikarbonat soda, tuz ve 1,2 litre su ile karıştırın. Bu karışımı bir tencerede orta ateşte 45 dakika pişirin. Drenaj yapın ve bir kenara koyun.

- Soğanı ve sarımsağı macun kıvamına gelene kadar öğütün.

- Yağı bir tencerede ısıtın. Salçayı ekleyip orta ateşte rengi dönene kadar kavurun.

- Pişmiş börülceyi, kalan suyu ve kişniş yaprakları hariç kalan tüm malzemeleri ekleyin. 8-10 dakika kaynatın.

- Kişniş yapraklarıyla süsleyin. Sıcak servis yapın.

Khatta Meetha Sebze

(Tatlı ve Ekşi Sebzeler)

4 kişilik

İçindekiler

1 yemek kaşığı un

1 yemek kaşığı malt sirkesi

2 yemek kaşığı şeker

50 gr lahana, uzun şeritler halinde ince doğranmış

1 büyük yeşil biber, şeritler halinde doğranmış

1 büyük havuç, şeritler halinde doğranmış

50g/1¾oz Fransız fasulyesi, dilimlenmiş ve doğranmış

100g/3½oz bebek mısırı

1 yemek kaşığı rafine bitkisel yağ

½ çay kaşığı zencefil ezmesi

½ çay kaşığı sarımsak ezmesi

2-3 yeşil biber, ince doğranmış

4-5 adet taze soğan, ince doğranmış

125g/4½oz domates püresi

120ml/8fl oz ketçap

Tatmak için tuz

10g/¼oz kişniş yaprağı, ince doğranmış

Yöntem

- Unu sirke ve şekerle karıştırın. Bir kenara koyun.
- Lahanayı, yeşil biberi, havucu, Fransız fasulyesini ve bebek mısırı karıştırın. Buhar (bkz.pişirme teknikleri) bu karışımı bir buharlayıcıda 10 dakika boyunca. Bir kenara koyun.
- Yağı bir tencerede ısıtın. Zencefil ezmesini, sarımsak ezmesini ve biberleri ekleyin. 30 saniye kızartın.
- Taze soğanları ekleyin. 1-2 dakika kızartın.
- Buharda pişmiş sebzeleri ve domates püresini, ketçapı ve tuzu ekleyin. 5-6 dakika kısık ateşte pişirin.
- Un hamurunu ekleyin. 3-4 dakika pişirin.
- Kişniş yapraklarıyla süsleyin. Sıcak servis yapın.

Dahiwale Chhole

(Yoğurt Soslu Nohut)

4 kişilik

İçindekiler

500g/1lb 2oz nohut, gece boyunca ıslatılmış

Bir tutam karbonat soda

Tatmak için tuz

1 litre/1¾ pint su

3 yemek kaşığı tereyağı

2 büyük soğan, rendelenmiş

1 çay kaşığı zencefil, rendelenmiş

150g/5½oz yoğurt

1 çay kaşığı garam masala

1 çay kaşığı öğütülmüş kimyon, kuru kavrulmuş (bkz.pişirme teknikleri)

½ çay kaşığı biber tozu

¼ çay kaşığı zerdeçal

1 çay kaşığı amchoor*

½ yemek kaşığı kaju fıstığı

½ yemek kaşığı kuru üzüm

Yöntem

- Nohutları bikarbonat soda, tuz ve suyla karıştırın. Bu karışımı bir tencerede orta ateşte 45 dakika pişirin. Drenaj yapın ve bir kenara koyun.

- Yağı bir tencerede ısıtın. Soğanları ve zencefili ekleyin. Soğanlar yarı saydam oluncaya kadar orta ateşte kızartın.

- Nohutları ve kaju fıstığı ve kuru üzüm hariç kalan malzemeleri ekleyin. İyice karıştırın. 7-8 dakika kısık ateşte pişirin.

- Kaju fıstığı ve kuru üzüm ile süsleyin. Sıcak servis yapın.

Teekha Papad Bhaji[*]

(Baharatlı Poppadam Yemeği)

4 kişilik

İçindekiler

1 yemek kaşığı rafine bitkisel yağ

¼ çay kaşığı hardal tohumu

¼ çay kaşığı kimyon tohumu

¼ çay kaşığı çemen otu tohumu

2 çay kaşığı öğütülmüş kişniş

3 çay kaşığı şeker

Tatmak için tuz

250 ml/8 fl oz su

6 poppadam, parçalara ayrılmış

1 yemek kaşığı kişniş yaprağı, doğranmış

Yöntem

- Yağı bir tencerede ısıtın. Hardal, kimyon ve çemen otu tohumlarını, öğütülmüş kişnişi, şekeri ve tuzu ekleyin. 30 saniye boyunca dağılmalarına izin verin. Suyu ekleyip 3-4 dakika pişirin.

- Poppadam parçalarını ekleyin. 5-7 dakika kaynatın. Kişniş yapraklarıyla süsleyin. Sıcak servis yapın.